Union Internationale des Associations
... pour la Société des Nations ...

International Federation of League
of Nations Societies

RAPPORTS ANNUELS DES ASSOCIATIONS

pour l'année 1930 (1)

Annual Reports of Affilliated Societies

for the year 1930 (1)

(1) Le temps matériel ayant manqué au Secrétariat de l'Union pour assurer la traduction des rapports des Associations, dont beaucoup sont arrivés à la dernière heure, il a paru préférable de publier les rapports en une langue seulement. Nous n'avons mentionné que les Comités dont la composition nous a été indiquée comme nouvelle. Pour plus de détails, voir Bulletin 1930, I.

(1) *Lack of time having made physically impossible for the Federation Secretariat to translate the reports of the Societies, many of which arrived at the last minute, it has seemed preferable to publish these only in the language in which they were submitted. In the case of Committees of Societies only those have been mentioned which are reported as being newly set up. For further information, see Bulletin 1930, I.*

ALLEMAGNE GERMANY

Deutsche Liga für Völkerbund.

Date de fondation : 17 décembre 1918.

Nombre de membres : *a*) individuels : 1,200 ; *b*) collectifs : 18,000.

Sections locales : Bavière, Hambourg, Hesse, Saxe, Würtemberg, Prusse orientale.

Budget : Recettes et dépenses : 80,000 Rm.

Direction administrative : Dr KIRCHHOFF ; Dr GROTKOPP.

Section Économique commune à l'Association allemande et au Comité de l'Union Douanière Européenne.

Section européenne (Comité allemand de Coopération européenne).

Commissions spéciales : Politique, Minorités, Économique et politique, Politique sociale, Éducation, Coopération européenne et Comité de Dames.

Publications : *Völkerbund*, contenant une chronique, des documents d'information, des critiques, etc. Ce périodique publie des suppléments : *Student und Völkerbund* et *Internationale Geistige Zusammenarbeit*, et comporte une rubrique spéciale, *Völkerbund und Schule*.

Organisations avec lesquelles l'Association est en relations plus ou moins régulière : Groupe allemand de l'*International Law Association*, *Reichszentrale für Heimatdienst*, *Ligue syndicale des Employés*, *Deutsches Comité für europäische Cooperation*, *Europäischer Zollverein*.

Modes d'activité.

1. *Propagande.*

L'Association allemande a inauguré l'année dernière un nouveau mode de propagande. L'expérience ayant démontré que l'idée de la Société des Nations n'est pas encore assez populaire pour pouvoir, comme en Angleterre, gagner les masses, nous avons essayé d'éveiller l'intérêt pour la S.D.N. par un moyen autre que l'adhésion individuelle. A cette fin, la *Deutsche Liga* est entrée en relations avec un grand nombre d'Associations et d'organisations qui s'efforcent de convaincre leurs membres de l'importance de la collaboration allemande à la S.D.N., au moyen de publications et de conférences. De cette façon, nous avons pu établir des relations avec toutes les organisations qui ont pour but l'éducation scientifique ou populaire, telles que les universités populaires, les organisations d'employés, etc. La *Deutsche Liga* fournit à ces dernières des conférenciers et des thèmes de conférences et leur offre sa collaboration pour la rédaction de leurs publications.

En ce qui concerne la propagande par T.S.F., la *Deutsche Liga* a également tenté une nouvelle initiative en réunissant, à l'occasion de conférences par radio, des groupes d'auditeurs de ses différentes sections locales et provinciales, et d'organisations de même tendance. Cette initiative sera plus développée encore l'hiver prochain. Nous recommandons vivement aux Associations ce moyen très efficace de propagande, qui permet à des conférenciers éminents et connus de se faire entendre sans avoir à se déranger. Il est utile que les organisateurs de pareilles manifestations reçoivent à l'avance le manuscrit de la conférence faite par T.S.F., afin de leur permettre de l'étudier et d'être à même de diriger les débats.

De nouvelles méthodes ont également été mises en œuvre durant l'année écoulée en ce qui concerne l'organisation de conférences. Alors que l'Association n'avait pu organiser auparavant qu'un petit nombre de conférences publiques nécessitant des dépenses considérables, elle a organisé l'hiver dernier, dans ses propres locaux, des réunions de discussions en petit comité, qui lui ont assuré la collaboration active de ses membres.

2. *Section et Commission d'Education.*

Le travail de notre Section d'Education augmente dans la mesure permise par ses ressources budgétaires. Cette Section a organisé cette année un concours parmi les académies pédagogiques (Ecoles normales) et autres instituts analogues, au nombre de 20. Le thème consiste cette fois en un récit laissé à l'imagination des concurrents et devant illustrer l'effet d'une décision de la S.D.N. Le prix du concours consiste en une bourse de voyage et de séjour de 15 jours à Genève, pendant l'Ecole d'Eté de l'Union et les premières séances de l'Assemblée de la S.D.N.

L'organe de l'Association, *Völkerbund*, consacre régulièrement une place importance au sujet « La Société des Nations et l'École ». Cela nous permet de transmettre au corps enseignant toutes les nouvelles importantes dans le domaine de l'éducation. Nous avons pu, entre autres, signaler à notre satisfaction quelques résultats pratiques dans le domaine de la revision des manuels scolaires, notamment de la part du Ministère de l'Instruction publique de Bavière. Parmi les nouvelles publications de manuels allemands, signalons l'ouvrage populaire comprenant de nombreuses illustrations, publié par le Dr Schellberg, et les Drs Schellberg et Lötschert, sous le titre *Der Völkerbund*.

La T.S.F. nous prête un concours de plus en plus efficace ; nous avons obtenu que plusieurs stations allemandes transmettent cette année, dans des leçons données par T.S.F., le message des Enfants du Pays de Galles. Nous avons recueilli déjà, pour le journal *La Jeunesse et la Paix du Monde*, avant toute recommandation des Ministères aux écoles, des commandes pour 20,000 exemplaires, de sorte que nous pouvons compter cette année sur un tirage d'environ 35,000 exemplaires, chiffre beaucoup plus élevé que l'année précédente.

Sur le modèle des Cours berlinois « La Société des Nations et l'École », des cours sont organisés dans les différentes parties de l'Allemagne. En outre, il se forme un peu partout des Associations libres de maîtres d'écoles pour l'enseignement de la S.D.N.

Notre Commission d'Éducation (Comité allemand d'entente) compte des représentants de plus de 70 grandes organisations allemandes ; ses réunions sont toujours nombreuses et suscitent un vif intérêt.

3. *Section Economique et Commission Economique.*

Au cours de l'année écoulée, la *Deutsche Liga* a développé sa Section économique, en collaboration étroite avec le Comité de l'Union Douanière Européenne. Par la fusion de la Commission économique jusqu'ici en vigueur avec le Comité de l'Union Douanière Européenne, une nouvelle Commission économique s'est formée qui, grâce au concours d'hommes compétents en matière d'économie politique, devient un centre particulièrement important d'experts. Le Secrétariat du groupe allemand de l'Union Douanière Européenne a également fusionné avec le Secrétariat de l'Association.

4. *Section Européenne et Commission pour l'Union Européenne.*

A l'exemple d'autres Associations pour la S.D.N., l'Association allemande a constitué une section spéciale pour l'étude des questions européennes. Elle a en plus réuni les membres de ses Commissions politique, économique et minoritaire en une Commission spéciale pour les questions européennes. Au cours du dernier semestre a eu lieu la fusion de cette Commission européenne avec le Bureau du Comité allemand pour la Coopération européenne, de sorte que ces deux organismes, qui ont tous deux pour but l'entente européenne, travaillent désormais en commun d'après un même programme.

5. *Commission de Droit International.*

Sous la présidence du Prof. Erich Kauffmann s'est constituée une Commission du droit des gens, qui a pour but de fournir au Comité exécutif de la *Deutsche Liga* des avis consultatifs en matière de droit international.

6. *Commission des Minorités.*

Une des commissions les plus actives de l'Association allemande est celle des Minorités, présidée par le Dr O. Junghann, ancien Président de Gouvernement ; elle s'est assuré le concours d'experts éminents en matière de minorités.

7. *Groupement universitaire allemand.*

Cette organisation, qui observe et stimule l'étude de la S.D.N. parmi les étudiants, constitue en quelque sorte la division universitaire de l'Association. Elle représente d'ailleurs la branche allemande de la Fédération universitaire internationale et comprend des Associations d'étudiants de tous les partis politiques, depuis les *Deutschnationale,* jusqu'aux Social-démocrates, ainsi qu'un grand nombre d'adhérents individuels. Elle organise des conférences, des séances de discussion et des cours pour stimuler et accroître dans les universités l'intérêt au sujet de la S.D.N.

8. *Bibliothèque.*

La bibliothèque de l'Association a été élargie dans la mesure où les ressources financières l'ont permis. Nous sommes heureux de pouvoir signaler que la bibliothèque rencontre un vif intérêt, tant parmi les milieux universitaires que parmi les milieux officiels, qui font de plus en plus appel à notre bibliothèque spécialisée dans les questions internationales. Il est regrettable que nos moyens financiers ne nous permettent pas de réaliser toutes les tâches que notre bibliothèque pourrait accomplir.

9. *Groupes locaux et provinciaux.*

Le manque de ressources ne nous a pas permis de développer plus largement les différents groupes de notre Association. Les groupements existants ont eu de grandes difficultés à se maintenir sans recevoir de subsides du Bureau central. Toutefois, cette situation s'est un peu améliorée après la dernière réunion du Conseil de la Société des Nations, lorsque la mauvaise impression produite par les résultats peu satisfaisants de la Commission préparatoire du Désarmement s'est dissipée. Cette impression, qui avait amené même des partisans sincères de l'idée de la Société des Nations à préconiser le retrait de l'Allemagne de la Société des Nations, a grandement entravé l'activité de l'Association allemande pour la S.D.N. Elle s'est efforcée de vaincre ce ressentiment par des articles de presse et des conférences, et l'on peut constater avec satisfaction qu'au cours du dernier trimestre on a reconnu d'une façon presque générale la nécessité pour l'Allemagne de continuer sa collaboration à la S.D.N. Les critiques sont dirigées moins contre l'idée de la Société des Nations que contre les travaux et les résultats de l'organisation actuelle de Genève qui, de l'avis de la très grande majorité du public allemand, ne réalise pas encore le principe de l'égalité comme *leit-motiv* de l'entente des peuples.

BELGIQUE — BELGIUM

Union Belge pour la Société des Nations.

Date de fondation : 1922.
Membres individuels : 2,050 ; collectifs : 55.

Membres universitaires : environ 1,000.

(La Fédération Universitaire Belge pour la S.D.N. est affiliée à l'Union belge pour la S.D.N.)

Nombre de sections locales : 14.

Budget : 110,000 francs.

Commissions spéciales : politique, coloniale, économique, législation sociale, Comité de propagande scolaire.

Modes d'activité.

1. *Semaine de Propagande.*

Le Comité directeur de l'Union Belge avait estimé qu'il serait utile, afin d'attirer systématiquement l'attention du public sur l'action entreprise par l'Union Belge pour la S.D.N., de concentrer en une seule semaine un grand effort de propagande. C'est pourquoi une « *Semaine pour la S.D.N.* » fut organisée du 9 au 16 novembre 1930. Les résultats obtenus dépassèrent les espoirs des organisateurs et l'importance de notre Association en fut considérablement accrue.

Les moyens d'action furent les suivants :

a) *Presse.* — Des déclarations autographes adressées à l'Union Belge par les principales personnalités de l'Etat furent transmises à la presse et publiées l'une après l'autre par la majorité des journaux quotidiens. Elles émanaient de : S. M. le Roi, ; S. E. le Cardinal Van Roey ; M. Jaspar, Premier Ministre ; M. Hymans, Ministre des Affaires Etrangères ; M. Vandervelde, chef du parti socialiste ; M. Reisdorff, Président honoraire de la FIDAC.

Des articles signés par des personnalités belges ayant joué à Genève un rôle important ont paru en même temps que les autographes dans un grand nombre de journaux.

b) *Radiophonie.* — Pendant dix minutes tous les jours, des orateurs ont parlé à Radio-Belgique des multiples activités de la S.D.N.

c) *Conférences.* — Deux systèmes ont été employés : tout d'abord des conférences organisées directement sous les auspices de l'Union Belge dans les centres les plus importants (là où il n'existait pas de section, formation d'un comité tripartite). Mais ce système présentant certaines difficultés, notre Association a fait appel au concours de certains groupements ayant déjà de nombreuses sections locales ; c'est ainsi que la Centrale d'Éducation Ouvrière a organisé des conférences dans une grand nombre de ses sections. Les Universités populaires, les sections de Croix-Rouge également ; les « Conférences du Jeune Barreau » ont presque toutes consacré une séance à la S.D.N. Dans les deux Universités de l'État, les deux Universités libres et l'Université du Travail de Charleroi, les groupements universitaires pour la S.D.N. ont organisé une séance, sous le patronage des autorités académiques. Enfin, tous les Rotary-Clubs ont consacré leur déjeuner-conférence de la semaine du 9 au 16 novembre à la S.D.N.

Plus de 200 conférences ont ainsi été données dans tout le pays. Un schéma avait été préparé par M. Henri Rolin à l'usage des conférenciers qui le désiraient ; ce schéma s'attachait tout spécialement à l'effort à accomplir dans le domaine du désarmement.

Un film sur la S.D.N., édité par le Secrétariat de la S.D.N., a été projeté à certaines de ces conférences. 12,000 tracts français et flamands ont été distribués aux auditeurs.

d) *Enseignement.* — Des circulaires prescrivant des leçons sur la S.D.N. ont été envoyées par le Ministère des Sciences et des Arts, aux établissements d'enseignement normal, moyen et primaire.

e) *Divers.* — Environ 3,000 affiches ont été placardées à Bruxelles et en province. Un cachet apposé sur 100,000 lettres par jour à la poste centrale portait les mots suivants : « La S.D.N. sera ce que les peuples la feront. » 25,000 papillons demandant l'adhésion à l'Union Belge furent insérés dans leurs envois par les services des chèques postaux. Les principaux cinémas projetèrent la reproduction de l'autographe royal.

2. *Conférences.*

Plus spécialement destinées aux membres de l'Union Belge pour la S.D.N., portant sur des points précis de politique internationale : en mai 1930, M. Wickham Steed donna à Bruxelles et à Mons deux remarquables conférences sur la « Conférence Navale de Londres »; en février et mars 1931, trois conférences très intéressantes furent données par M. Max Léo Gérard sur « L'Opium, problème international d'Extrême-Orient », par M. Max Suetens sur « La Convention de Rapprochement économique d'Oslo » et par M. Hostie sur « La S.D.N. et l'Organisation internationale des Transports ».

Enfin l'Union organisa avec le concours de la Section belge de la F.I.D.A.C. une conférence du Colonel Picot sur le « Désarmement moral ». Cette conférence, à laquelle avaient été conviés les représentants de tous les groupements d'anciens combattants, obtint un très vif succès.

3. *Conférence prévue.*

Le 10 juin, M. Pierre Quesnay parlera de « La Banque des Règlements internationaux et la Solidarité financière ».

En outre, les membres de l'Union Belge (Section du Brabant) furent invités à toutes les conférences de politique internationale de l'Université de Bruxelles et aux conférences organisées par le Groupement Universitaire de Bruxelles pour la S.D.N.

D'autre part, de nombreux groupements s'adressèrent à l'Union Belge, pendant ces derniers mois, pour demander des conférenciers français ou flamands disposés à exposer dans leurs associations les buts et l'œuvre de la S.D.N.

4. *Education.*

A la suite du concours organisé l'année dernière parmi les élèves des écoles normales et des écoles de service social, 12 jeunes gens et jeunes filles furent envoyés en septembre à Genève par l'Union Belge, pour y suivre les cours de l'École d'Été.

Le concours organisé cette année-ci s'adresse aux instituteurs et institutrices de l'enseignement primaire. Il y a eu 142 inscriptions flamandes et 147 inscriptions françaises. La question posée est la suivante :

« Vers quel âge le concept « Société », le concept « Nations », le concept « Société des Nations » paraissent-ils être, ou pouvoir être, acquis par les enfants? (Justifier votre thèse.)

» Comment l'école peut-elle préparer et préciser l'acquisition de chacun de ces trois concepts?

» Faites des suggestions ayant trait à l'enseignement de l'histoire, de la géographie et d'une troisième branche à votre choix, en vue de développer l'esprit de coopération internationale et de solidarité humaine entre les peuples. »

Pour couvrir les frais occasionnés par le concours et les bourses de voyage, le Comité de Dames de l'Union Belge a organisé récemment sa représentation annuelle, à laquelle assistaient le Duc et la Duchesse de Brabant.

D'autre part, le Comité de Propagande Scolaire a mis au concours la rédaction d'un tract d'une dizaine de pages destiné aux enfants de 14 à 16 ans et leur exposant d'une façon simple le but de la S.D.N. et l'œuvre qu'elle a déjà accomplie. Deux tracts, l'un français, l'autre flamand, seront primés et édités par l'Union Belge, si elle le juge désirable.

Ce concours a suscité un vif intérêt et de nombreuses demandes de documentation sont parvenues au Secrétariat.

5. *Manuels scolaires tendancieux.*

L'Union Belge pour la S.D.N. s'est occupée d'obtenir la revision de certains manuels scolaires tant en Belgique qu'en Allemagne ; ce travail s'est fait avec la précieuse collaboration de la *Deutsche Liga für Völkerbund* et a donné les résultats les plus encourageants.

6. *Le Message des Enfants du Pays de Galles et le petit journal : « La Jeunesse et la Paix du Monde ».*

A la demande du Comité de propagande scolaire pour la S.D.N., 6,300 exemplaires français, 8,300 exemplaires flamands et 200 exemplaires allemands ont été commandés par le Ministère des Sciences et des Arts et toutes les classes d'enfants de 10 à 14 ans recevront chacune un exemplaire.

Le message sera commenté et le journal fera l'objet d'une petite leçon.

7. *Exposition de matériel scolaire.*

A l'occasion du IIme Congrès international des Ecoles en plein air, une exposition de matériel pédagogique a été organisée au Musée Scolaire de l'État. L'Union Belge pour la S.D.N. y a un stand dans lequel sont exposées toutes les brochures, gravures, projections, affiches qui peuvent être procurées aux membres du personnel enseignant.

8. *Publications.*

L'Union Belge a édité, en collaboration avec l'Association néerlandaise pour la S.D.N., une traduction flamande de « Fins et Organisation de la S.D.N. ». Elle a obtenu de l'Association suisse de pouvoir faire un tirage spécial de « Dix ans de Société des Nations » par William Martin. Elle a édité une version flamande de la brochure de Henri Rolin, « La Belgique et la S.D.N. ».

L'Union Belge, qui, jusqu'à présent, ne possédait pas de périodique, a l'intention de publier un bulletin mensuel à partir du mois d'octobre prochain.

En outre, l'Union Belge envoie régulièrement le « Résumé mensuel des Travaux de la S.D.N. » à 500 abonnés.

9. *Sections de province.*

L'activité des sections de province s'est développée. Des cercles d'études se sont constitués. La principale question mise à l'étude en ce moment est celle du désarmement. Des représentants des sections assistent régulièrement à Bruxelles, aux séances du Comité Directeur de l'Union Belge. Lors de la Semaine de Propagande, la participation du Comité liégeois pour la S.D.N. a été particulièrement importante.

10. *Activité des Commissions.*

La Commission coloniale s'est occupée principalement du contrôle des engagements internationaux dans les colonies. Elle s'est réunie souvent et d'éminentes personnalités coloniales ont pris part à ses débats.

La Commission économique s'est constituée d'une façon définitive sous la présidence de M. Theunis, et a commencé l'étude de divers problèmes de l'intérêt le plus actuel. Elle groupe un grand nombre d'économistes ainsi que des représentants des industriels et des syndicats ouvriers.

BULGARIE — BULGARIA

Association Bulgare pour la Paix et la S.D.N.

Nombre de membres : individuels, 312 (contre 239 l'année passée); collectifs ,35 (contre 32).

Sections locales : 2.

Budget régulier : recettes, 26,743 ; dépenses, 33,856 lévas.

Fonds intangibles : 65,000 lévas.

(Les dépenses de voyage et de publications sont couvertes par des dons volontaires.)

Commissions spéciales : 1. Questions économiques ; 2. Propagande ; 3. Publications ; 4. Comité fédéral.

L'Association est en collaboration permanente avec tous ses membres collectifs travaillant pour la paix, et plus spécialement avec : le Comité d'entente, la Section bulgare de la Commission de la Coopération intellectuelle, l'Association « Père Paissy », l'Union des Associations culturelles et professionnelles en Bulgarie, le Bureau International de la Paix, la Conférence Balkanique.

Modes d'activité.

1. *Séances publiques :* Assemblée annuelle et Fête de la Paix, le 18 mai. Conférences publiques, en mars, à Sofia. Tournée de propagande, en août,, avec conférences à Sofia, Roussé, Razgrad et Varna, avec le président, le vice-président Micheff et le Secrétaire Petkoff comme conférenciers.

2. L'Association a pris part à l'École d'Été organisée par l'Union Internationale des Femmes pour la Paix et la Liberté, à Sofia, en août, par ses membres Kyroff, Micheff, Baïnoff, Petkoff et Balamézoff.

3. Pendant l'année, l'Association a eu la visite de M. et Mme Gilbert Bowles, de la Société des Amis du Japon; de Mlle L. Weiss, de Paris; de Mr. A. C. Purdy, de la Société des Amis d'Amérique; de M. Quidde, du Comité directeur du B.I.P.; du baron von Bodman, Secrétaire adjoint de l'Union; de M. de Ascarate, Directeur de la Section des Minorités de la S.D.N.

4. Elle a organisé deux séances publiques à Sofia pour le folkloriste belge, M. Marinus.

5. L'Association a pris part, par son Président, à la séance du Conseil à Danzig et à celle de Bruxelles, et à l'Assemblée annuelle de Genève, par 3 délégués.

6. Elle a pris part aussi à la première Conférence Balkanique, à Athènes, par 10 délégués, et à la séance du Conseil de la même, à Salonique, par 4 délégués.

ÉTATS-UNIS — UNITED STATES

League of Nations Association, Inc. of the United States.

President : George W. WICKERSHAM.
Director : Philip C. NASH.

Chairman, Board of Directors and Executive Committee : Raymond B. FOSDICK.

The membership of the Association on April 1st, 1931, was 28,194. These are individual membership practically all of whom have paid $1.00 or more in dues. The number of state branches since the last report has increased by 9, there now being such branches in 32 states. Even in the states where no organized branch yet exists, there are state committees sponsoring the work of the Association and actively cooperating with it through the National Advisory Council, which now has 473 members.

1. *World Court.*

Many of the big civic organizations of the country have joined with us to urge prompt action upon the three Court protocols which have been signed by our government and are now before the Senate for ratification. Special internal conditions have made it impossible to bring the protocols up for consideration in the session of Congress just closed, but the wide public interest that has been aroused seems to make it highly probable that the adherence of the United States to the World Court will be voted before the Disarmament Conference meets next February.

2. *The Eighth Annual Convention.*

Chicago, Illinois, the home of the « Chicago Tribune », a violent anti-League newspaper, was selected for the Annual Convention of the Association on January 22, 23, 24, 1931. It was by far the most enthusiastic and representative meeting that the League of Nations Association has had. Attendance varied from 5 at the small sectional meetings to about 700 at the Annual Dinner. The speeches of President Nicholas Murray Butler, Raymond B. Fosdick, Ivy L. Lee, Silas H. Strawn, John R. Commons, Manley H. Hudson, Jane Addams, Charles H. Strong, Dean Shailer Matthews, Father Francis J. Haas, Professor James T. Shotwell, Chester Rowell and many others, were given wide publicity over the country and aroused enthusiasm at the meeting itself which is bound to be translated into active work in the individual states. It more and more becomes apparent that our membership is very impatient over the long delay in our adherence to the World Court and is pushing for active political work favoring our membership in the League itself.

The success of the Convention is due in a large measure to Dr. Stephen P. Duggan, who was Chairman of the Program Committee, and Mr. Clark M. Eichelberger, Executive Secretary of the Mid-West Regional Office, who was in charge of the local arrangements.

3. *Speakers Bureau.*

Six foreign speakers have toured the country during the year under the auspices of the Association. These are : Mr. Bolton Waller of the Irish Free State ; Captain Lothian Small of the International Federation ; Herr Wolf von Dewall of Germany ; M. Pierre de Lanux, League of Nations representative at Paris ; Fru Henri Forchhammer of Denmark ; and Sr. Armando Mencia, of the Legal Section of the Secretariat. M. de Lanux made us a longer visit than the others and spoke at about 230 meetings in 29 different states. Herr von Dewall and Fru Forchhammer also went as far as the Pacific Coast, M. Waller as far west as Nebraska, Mr. Small as far west as Ohio and North Dakota and Mr. Mencia to Illinois. Thus about 550 audiences were addressed by these persons besides perhaps 2,500 other meetings addressed by speakers from this country. Many of these meetings were arranged by the Bureau at the Headquarters Office under the direction of Miss Mary W. Fry, but most of them were under the auspices of the various branches.

4. *Educational Work.*

The Educational Committee of the Association, with Miss Helen Clarkson Miller as chairman and Mrs. Harrison Thomas as secretary, completed its fifth full year of work. As before (a) student contests and (b) Model Assemblies occupied a large share of attention, with (c) preparation of publications and (d) sending of information to teachers, students, clubs, etc., always in the background.

a) The national competitive examination for High School students was held for the *fourth* year, 1,318 high schools being registered, over one-sixth of the total number of such schools in the United States. The official text was *A Ten Year Review of the League of Nations*, composed in part of *The Aims and Organization of the League* published by the League Secretariat. 9,384 copies were distributed, mainly on a sales basis.

The contest for students in teacher-training institutions was held for the second year with 326 individual students registered. The first prize in both these contests was a trip to Europe with a visit to Geneva.

(b) In the school year ending June, 1930, some 5,300 students from 35 states participated in 44 Model Assemblies, representing 240 colleges and schools of all grades. 1,500 students from 182 colleges acted as League delegates to the nine intercollegiate Assemblies alone, preparing original reports and resolutions, and carrying on original debate on important League topics, within the framework of League procedure and phraseology. The intercollegiate Assemblies are now developing the method of including with the plenary sessions of League standing committees, thus giving more students chance to speak. New developments are the schemes for Model Council Sessions and Model International Labor Conferences, *Texts* for both of which are now available.

(c) New editions of the *Outline for Model Assemblies* and of *Essential Facts*, the standard handbook for students' use, were brought out. *Round The World with the League of Nations*, the monthly news sheet for young people, was put on a charge basis. Other new publications were the *New World Road Guide*, a discussion program for women's clubs, and a play, *Your Court and the World's*.

5. *Publicity.*

Besides the information distributed by the Educational Department, many special pamphlets have been issued. Among these are a « question-and-answer » leaflet on the Court, and (in preparation) one each on the International Labor Organization, Opium, and Disarmament.

One of the members of our National Board of Directors, Mrs. Florence G. Tuttle, has written an important book, "Alternatives to War", which is being widely sold over the country. A new film giving a 20-minute picture of the organization and work of the League has been prepared, and is now being widely shown at clubs, schools, and special meetings. The "League of Nations News" is the official magazine of the Association, published in New York under t heeditorship of Mrs. Ruth S.-B. Feis. The "League of Nations Chronicle", a monthly newspaper giving in excellent form the news of the League, is published by the Mid-West Office, with J. W. Terry as Editor. The "Digest of Editorial Comment" on League affairs is distributed by National Headquarters and is included in the League of Nations "Review of the Press". About half a million pamphlets of various sorts were distributed by the Headquarters Department of Literature Distribution.

6. *Work at Geneva.*

The Geneva Office of the League of Nations Association, under the direction of Mr. Felix Morley, has developed into a very important liaison office between the United States and the League. Mr. Morley has been instrumental in starting the "Research and Information Committee of the League of Nations Association", which publishes from Geneva a monthly review of League activities and a monthly information pamphlet on some phase of League work ; and arrangements have been made by which all League documents sold in Geneva are distributed through our office.

We are sorry to report that Mr. Morley severed his connection with the Association on March 1st, 1931, to become associated with the Brookings Institution, of Washington, D. C. The office at Geneva is now being carried on by Miss Martha Ireland, with Mr. Dwight Mallon in charge of the sale of League documents.

The American Committee in Geneva of the League of Nations Association continues to carry on the work of entertaining American visitors to the League and the I.L.O. during the summer. Professor Manley O. Hudson is in charge of the work in Geneva, with Mr. Michael Francis Doyle of Philadelphia as Chairman of the Committee.

7. *Work at Paris.*

The Paris Branch of the L.N.A. is also active under the leadership of Mr. Philip S. Henry, holding meetings and furnishing a focus for Americans in Paris who are interested in the League.

8. *Standing Committees.*

Several new standing committees of the Association have been formed this year to advise the Board of Directors on technical questions. Such committees now exist on Education, Foreign Relations, Opium, Disarmament, Health, Economic Questions, Social Questions, and International Labor Organization.

9. *Interest in the League.*

We are convinced, from little straws that show the way the wind is blowing, that interest in the League is growing throughout the country. For instance, 21,000 League of Nations Association Christmas cards were sold last December ; weekly luncheons in New York on the League have been well supported ; Malden, Massachusetts, a city of 58,036 inhabitants, voted 6,000 to 4,000 for American membership in the League. Progress is slow but we believe it to be sure.

FRANCE FRANCE

Fédération Française des Associations pour la S.D.N.

La Fédération française des Associations pour la S.D.N., dont le Bulletin de l'Union, en mai-juin 1929 et avril-juillet 1930, a exposé la composition, le but et le fonctionnement, a poursuivi en 1930-1931 son activité régulière et féconde.

Son bureau, pour l'année en cours, demeure ainsi composé :

Président : M. Jean HENNESSY, député, ancien Ministre, Ambassadeur de France, Vice-Président de l'Union Internationale des Associations pour la S.D.N.

Vice-Présidents : MM. Emile BOREL, René CASSIN, Charles RICHET et Louis ROLLAND.

Trésorière : Mme MALATERRE-SELLIER.

Secrétaire général : Prof. J. PRUDHOMMEAUX.

Secrétaires : Prof. Charles BRUN et M. Louis SARRAN.

La Fédération a reçu en février l'adhésion de la Section française de la *Ligue des Mères et des Educatrices pour la Paix,* forte aujourd'hui de 25,000 membres et en plein essor. Le nombre des groupements faisant partie de la Fédération est donc, actuellement, de 14.

Le Conseil Directeur de la Fédération, composé de trois délégués titulaires et de trois délégués suppléants par Association, s'est réuni tous les mois au Musée Social de Paris. Il a, dans sa séance du 10 mars, adopté, sur le Désarmement, une résolution qui servira de base à l'action vigoureuse que les Associations ont entreprise pour préparer l'opinion à la Conférence du Désarmement dont la convocation est prévue pour le mois de février 1932. Le Conseil envisage dès à présent la campagne qu'il se propose de mener, parallèlement, pour préparer, dans un sens favorable à la S.D.N., les élections législatives de 1932.

La Fédération a pris part, le 25 février, à la grande manifestation organisée par l'*Union des Associations françaises pour l'Essor National* à la Sorbonne, en vue d'arriver légalement à la prolongation jusqu'à l'âge de 14 ans de la scolarité obligatoire.

Elle est intervenue auprès des pouvoirs publics pour obtenir la prompte ratification du Traité d'arbitrage franco-suisse et du Protocole complémentaire de l'article 36 du Statut de la Cour de La Haye, ainsi que le vote, par le Sénat français, de l'Acte Général d'Arbitrage Obligatoire.

Elle a renouvelé auprès des Conseils Généraux et des Municipalités des grandes villes son action en faveur de la création de bourses d'études dont bénéficieraient les élèves des écoles normales désireux de suivre les cours de l'École d'Été organisés à Genève, chaque année, par l'*Union Internationale* de Bruxelles.

Enfin, la Fédération ne s'est pas désintéressée de ce qui est l'objet propre de son activité : la participation des Associations qu'elle représente aux réunions internationales qui ont pour objet le développement de la Société des Nations. Elle a envoyé des délégations importantes à la XIVe Assemblée plénière de l'Union Internationale des Associations pour la S.D.N. à Genève, en juin 1930, et aux réunions d'automne et de printemps tenues par l'*Union* à Dantzig, en octobre 1930, et à Bruxelles, en février 1931.

MEMBRES DE LA FÉDÉRATION FRANÇAISE.

1. Association Française pour la Société des Nations.

L'Association française pour la Société des Nations a été cruellement éprouvée par la mort de celui qui, après l'avoir fondée aux côtés de Léon Bourgeois, l'avait présidée jusqu'en 1927 avec un infatigable dévouement, M. Paul Appell, le grand universitaire dont la disparition, survenue à la fin d'octobre 1930, a mis en deuil la France, la Science et l'Humanité. A l'Assemblée générale tenue le 18 janvier 1931, un hommage solennel a été rendu à sa mémoire.

Condamné au repos depuis trois ans, M. Paul Appell avait été remplacé à la présidence de l'Association par M. Émile Borel.

Fidèle à ses traditions, l'Association française, pendant l'année qui vient de s'écouler, a donné son complet appui à toutes les initiatives ayant pour objet la défense et le progrès de la Société des Nations. Elle a pris part à l'Exposition sur la Guerre et sur la Paix organisée à La Haye par l'Association néerlandaise pour la Société des Nations. Elle a envoyé à l'*Ecole d'Été* de Genève, par les soins de sa section de Bordeaux, en septembre 1930, plusieurs élèves des écoles normales de cette ville. Elle s'est intéressée à la création du *Comité d'Entente des Associations françaises pour la Paix par l'Éducation*, dont le président est un membre de son Conseil Directeur, M. C. Bouglé, professeur à la Sorbonne. Elle a secondé l'essor de la *Nouvelle Ecole de la Paix*, instituée par Mlle Louise Weiss, directrice de la revue bien connue *L'Europe Nouvelle*.

Comme les années précédentes, le Conseil Directeur de l'Association, d'accord avec la Fédération française des Associations pour la S.D.N. a envoyé une délégation nombreuse et choisie aux réunions organisées par l'Union de Bruxelles, à Genève (XIVe Assemblée plénière), à Dantzig, en octobre 1930, et à Bruxelles, en février 1931. Elle a pris l'initiative des deux propositions dont la France a demandé l'inscription à l'ordre du jour de la prochaine Assemblée plénière de Budapest : 1° la Création d'une Juridiction criminelle internationale, et 2° l'Amélioration du Sort des Prisonniers politiques.

On sait qu'il existe entre l'activité de l'Association et celle de sa filiale, le *Groupement universitaire pour la S..DN.*, un lien constant. La même collaboration cordiale a été établie avec la *Fédération universitaire Internationale pour la S.D.N.* et le *Comité d'Action pour la S.D.N.*, et cette collaboration se traduit pratiquement par l'utilisation d'un siège social, d'un Secrétariat et d'un personnel d'exécution communs.

En liaison avec le Comité d'Action pour la S.D.N., plus spécialement chargé de cette forme de la propagande, l'Association a donné, au cours de cet hiver, une dizaine de grands meetings sur le désarmement et l'organisation de la paix dans des villes importantes — Le Havre, Charleville, Lille, Poitiers, Calais, Bordeaux, Nantes, Strasbourg, Metz, Bourges, etc.

A Paris, elle s'est associée aux brillantes réunions données à l'Institut de Coopération Intellectuelle par la Section française des *Amitiés Internationales* et a convié ses membres à entendre, sur les principaux problèmes de la vie internationale, des orateurs de grand renom : Vladimir d'Ormesson, Jules Romains, Fernand Maurette, Georges Bernhardt, Jacques Kayser, Jules Isaac, Leidnicki, Jean Hennessy, von Rheinbaben, l'Amiral Drury Lowe, Mme la comtesse Dohna, etc. Son Assemblée générale a été l'occasion d'un brillant débat sur le Désarmement, auquel ont participé MM. Emile Borel, Arthur Fontaine, René Cassin, le Colonel Picot et Henri de Jouvenel.

Elle a créé des groupes nouveaux, à Nantes, Bergerac et Cahors. Ses sections de Bordeaux, Rouen, Lille, Chambéry, Clermont-Ferrand ont pris l'initiative de manifestations imposantes en faveur de la Paix et de la Société des Nations.

Enfin, en parfait accord avec les Associations qui partagent avec elle le Secrétariat de la rue Le Goff, elle a créé, pour répondre au désir unanime de ses adhérents, un périodique mensuel de documentation, dont deux numéros fort intéressants ont déjà paru sous ce titre : *Pour la Société des Nations*. Elle a, d'autre part, conclu avec l'Association de la Paix par le Droit un arrangement aux termes duquel la revue bien connue de ce groupement, *La Paix par le Droit*, est servie à ses membres et leur apporte tous les mois des articles de doctrine et des informations sur les problèmes internationaux. Par cet ensemble de mesures, l'Association s'est efforcée de rester fidèle aux impulsions qu'elle a reçues de ses éminents fondateurs, Léon Bourgeois et Paul Appell.

2. Association de la Paix par le Droit.

La tâche principale de l'Association est, on le sait, la publication des deux périodiques qui, depuis de longues années, sont les organes préférés du pacifisme français : *La Paix par le Droit* et le bulletin populaire *Les Peuples Unis.* Pendant les premiers mois de la présente année, à la suite des arrangements conclus avec les principales organisations françaises vouées à la propagande en faveur de la S.D.N., la revue *La Paix par le Droit* a conquis près de 2,000 abonnés nouveaux, ce qui porte à plus de 7,000 exemplaires la moyenne de son tirage mensuel. *Les Peuples Unis* ont pris, d'autre part, un heureux développement, grâce à l'essor continu de la *Ligue des Mères et des Educatrices pour la Paix,* dont ils publient tous les deux mois les communications.

En 1930, le séjour international de vacances organisé par l'Association, en faveur des institutrices et des normaliennes, désireuses de prendre contact avec les institutions internationales de Genève, a fonctionné avec un plein succès. L'École Primaire Supérieure de Thonon a reçu, du 13 août au 1er septembre, plus de cent jeunes filles, dont 32 ont fait précéder leur séjour sur les bords du Léman d'un intéressant voyage dans l'Allemagne du Sud.

L'Association a collaboré activement, pour la cinquième fois, à l'École d'Été de l'Union des Associations pour la S.D.N. Grâce à sa propagande, 80 étudiants et étudiantes, dont 17 étaient titulaires de bourses, représentaient la France dans l'auditoire international de 300 étudiants réunis autour de la chaire des professeurs de l'Union.

La Paix par le Droit, au cours de l'exercice écoulé, a participé aux initiatives les plus diverses : *Expositions de la Paix,* de La Haye et de Bâle ; *Service civil volontaire* pour le relèvement de la commune d'Albefeuille-Lagarde (Tarn-et-Garonne), ravagée par l'inondation ; création ou développement de nombreux *Cartels de Sociétés de la Paix* dans plusieurs villes (Rouen, Grenoble, Saint-Étienne, Poitiers, Valence, Mont-de-Marsan, Pau, etc.); encouragements à des *rencontres de jeunesse* (notamment, subvention et intervention auprès des pouvoirs publics, en faveur du *Voyage des jeunes instituteurs* de Nîmes en Allemagne); collaboration aux *œuvres d'éducation pacifique* et d'amélioration des livres scolaires, en liaison avec le personnel enseignant de France et de l'étranger ; contribution à l'activité du *Comité National des Associations pour la Paix par l'Education* et à la préparation de la première *Conférence française pour la Paix par l'Ecole* (9-10 novembre 1930); collaboration au *pétitionnement* en faveur du Désarmement entrepris par la *Ligue des Droits de l'Homme ;* enfin, comme les années précédentes, participation constante à la propagande en faveur de la S.D.N. (manifestations *nationales,* de la Fédération française des Associations pour la S.D.N., et *internationale,* de l'Union des Associations pour la S.D.N.).

De leur côté, les groupes autonomes de l'Association ont organisé depuis le 1er juillet 1930 une cinquantaine de conférences dont la plupart sont dues à l'initiative des sections suivantes : Nancy, Nantes, Boulogne-sur-Mer, Saint-Etienne, Poitiers, Alès, La Rochelle, Nimes, Pau, Mont-de-Marsan, etc.

L'année 1930 a vu naître deux groupes nouveaux de l'Association : celui de Pau, fondé le 6 décembre 1929, à la suite d'une conférence de M. Albert von Bodman, et celui de Neuville-du-Poitou, créé le 30 mars, à l'appel de MM. Charpentier et Lhoumeau, Président de la Fédération de la Vienne de la Paix par le Droit.

3. Groupement Universitaire Français pour la S.D.N. Siège: 3, rue Le Goff, Paris (5e).

Une augmentation d'effectifs de 3,000 adhérents, la création de centres régionaux nouveaux à Lyon, Marseille, Agen, Nancy, Rethel, Bastia, Bonneville; l'intensification constante de la propagande poursuivie en province auprès du grand public et à Paris dans les établissements d'enseignement public et privé, l'édition d'une affiche symbolique due à un Grand Prix de Rome et d'un bulletin périodique ; enfin, la création d'un concours ouvert aux étudiants et élèves des trois ordres de l'enseignement, autant de réussites qui précisent éloquemment la vitalité actuelle du Groupement Universitaire Français pour la S.D.N.

Celui-ci est dirigé en 1930-1931 par M. Paul Fauconnet, Président ; M. Robert Mothes, Délégué général ; M. André Bossin, Secrétaire général ; M. J. P. Caron, Trésorier.

4. Action Internationale Démocratique pour la Paix.

Le Xe Congrès démocratique international pour la Paix a eu lieu du 24 août au 7 septembre 1931. Il s'est divisé en deux parties : *a*) Semaine d'études à Bierville, pour l'inauguration du Foyer international de la Paix ; *b*) Réunions d'études à Ostende, sur l'Union européenne, et réunions de propagande à Bruxelles, Anvers et Liége.

A la suite de ce Xe Congrès, l'activité de l'A.I.D.P. s'est manifestée principalement sur un double terrain :

a) Campagne pour le désarmement moral et matériel, notamment par la création du Musée documentaire et ambulant « Paix ou Guerre », qui après avoir été inauguré à Paris, fait actuellement son tour de France. Il est l'occasion, dans chaque ville où il stationne, de manifestations pour la paix et le désarmement, placées ordinairement sous le patronage d'un cartel local de la Paix ;

b) Lancement de l'idée des Auberges de la Jeunesse en France, et création de la Ligue française des Auberges de la Jeunesse. La première Auberge française de la Jeunesse a été fondée par M. Marc Sangnier, sous le patronage de l'A.I.D.P., dans le domaine du Foyer international de Bierville, et fonctionne dès maintenant.

Le XIe Congrès international aura lieu sans doute en France et en Allemagne, dans des villes proches de la frontière. Les questions à l'ordre du jour seront celles du désarmement et de la crise économique mondiale.

Indépendamment de ces initiatives, l'A.I.D.P. a continué sa propagande en France par des conférences nombreuses, par les publications qui répandent ses idées et rendent compte de ses initiatives, notamment par le numéro spécial de la *Jeune-République* : « Paix ou Guerre », qui fut tiré à 90,000 exemplaires, par sa participation aux divers Cartels de la Paix, etc. La camionnette spéciale qui transporte les stands du Musée « Paix ou Guerre? », est accompagnée de deux propagandistes permanents, et doit faire à travers la France un voyage qui durera huit mois.

5. Alliance Universelle pour l'Amitié Internationale par les Eglises.

BRANCHE FRANÇAISE

Au cours des douze derniers mois, le Comité français a poursuivi son action. D'abord par la presse, au moyen de la « Revue du Christianisme social », mensuelle et tirée à 5,000 exemplaires, et du Bulletin trimestriel, « L'Amitié Internationale », tiré à 4,000 exemplaires. Trois brochures de propagande, dont l'une donne le compte rendu d'une séance du Comité national d'études politiques et sociales, ont été en outre largement répandues.

Ensuite par la parole : environ 60 conférences ont été données dans diverses régions de France.

Le Comité a envoyé dix pasteurs faire une tournée en Angleterre. Il a également permis à huit jeunes gens ou jeunes filles de passer une quinzaine dans une ville d'Angleterre.

Il a mené une vigoureuse campagne auprès des autorités ecclésiastiques des diverses confessions protestantes pour leur faire accepter une résolution en vertu de laquelle les Eglises s'engagent à ne donner aucun appui à leur Gouvernement si celui-ci déclarait la guerre après avoir refusé une proposition d'arbitrage. Il a demandé à ces mêmes autorités de consacrer chaque année le premier dimanche de décembre à la cause de la paix.

Il prépare, pour le cours de cette année, une campagne à l'occasion de la prochaine Conférence du Désarmement. Il demande à toutes les autorités ecclésiastiques d'envoyer, tant au Gouvernement qu'à la Conférence elle-même un message les conjurant d'arriver à un résultat effectif. Il organise dans chaque paroisse une pétition tendant au même but. Toutes les feuilles de pétition seront concentrées pour être déposées sur la table de la Conférence le jour de l'ouverture de celle-ci.

Le Comité est heureux d'apporter à la Fédération française des Associations françaises pour la Société des Nations sa plus cordiale collaboration.

6. Ligue des Catholiques Français pour la Justice et la Paix Internationales.

Rue des Fossés-Saint-Jacques, 4, Paris (5e).

L'activité de la Ligue « Justice et Paix » a été, proportionnellement aux années précédentes, considérable en 1930. Des résultats d'une portée inespérée ont été acquis.

Tout d'abord, la direction même de la Ligue, a reçu, pour faire partie du Comité, les acceptations bienveillantes d'un grand nombre de personnalités du monde politique, comme celles du comte W. d'Ormesson, de MM. François Marsal, Champetier de Ribes, Paul Claudel, etc. De nombreux témoignages d'intérêt lui sont également parvenus, mais aucun n'égale en importance celui de S. Ém. le Cardinal Verdier, qui, après avoir expressément approuvé la Ligue et lui avoir accordé sa plus instante bénédiction, a accepté d'en présider le Comité d'honneur.

La propagande et l'action proprement dite s'est exercée avec un rayonnement des plus fructueux.

Ce furent d'abord des réceptions à l'étranger, principalement en Allemagne, — notamment par la Ligue des Catholiques allemands pour la Paix, — qui firent connaître notre Ligue et, tout en lui suscitant partout de chaudes approbations, lui permirent de collaborer au grand travail de pacification et de rapprochement international.

En province, grâce à l'activité inlassable des membres du Comité, de nombreuses conférences furent organisées dans les régions les plus diverses, suscitant partout des adhésions en quantité impressionnante et des enthousiasmes féconds.

A Paris, la même activité se poursuivait, parallèlement à celle de la province, par des conférences dans plusieurs des plus importantes paroisses : partout résultats semblables.

En novembre, la Ligue témoigna à l'occasion du Xe centenaire de l'Union Catholique d'Etudes Internationales.

Cette action ne s'exerça pas seulement sous forme de propagande, verticalement, mais aussi horizontalement, par la réunion du plus grand nombre possible de suffrages parmi les organisations diverses de catholiques français.

Déjà, plusieurs de ces organisations — dont le but n'est d'ailleurs nullement politique, mais qui tenaient à préciser leur attitude sur ce terrain, — nous avaient donné leur adhésion. Ces adhésions devinrent tout d'un coup beaucoup plus nombreuses, à l'occasion d'un manifeste émanant de notre Ligue et lancé ces derniers temps par toutes les voies de propagande possibles, particulièrement la presse, les tracts, et les affiches.

Ce manifeste attestait la volonté des catholiques français de réaliser la paix entre les nations autant qu'il serait en leur pouvoir, se rendant parfaitement compte de la situation nouvelle du monde, et résolus à mettre en exécution les directions inlassablement données sur ce point par les Souverains Pontifes. Ils déclarent que dans une atmosphère de pacifisme intelligent et sans veulerie, les moyens du droit auront tout leur concours pour supplanter les moyens de la force, et veulent assurer, comme fondement à cet effort d'organisation pour la paix, un développement de l'esprit de Paix dans l'opinion publique de tous les pays.

L'accueil fait à ce manifeste a dépassé toutes prévisions.

L'opinion s'en est occupée abondamment, et on ne peut encore savoir où s'arrêtera un succès qui commence seulement.

7. Fraternité-Réconciliation, Groupe maçonnique pour la S.D.N. pour le Rapprochement Franco-Allemand).

Rue Chevert, 30, Paris (7e).

L'année 1930 a été marquée par la fusion de « Fraternité-Réconciliation » avec le Groupe français de la Fédération Maçonique Internationale pour la S.D.N. Notre groupe fait ainsi désormais partie de la Fédération française des Associations pour la S.D.N.

L'action de « Fraternité-Réconciliation » s'est manifestée en 1930 comme suit :

1° Plusieurs jeunes gens et jeunes filles français furent échangés contre de jeunes Allemands pendant les vacances d'été ou mis comme pensionnaires dans les familles allemandes ; au total : dix-sept.

2° Les conférences ci-dessous furent organisées, soit au Grand-Orient de France, soit à la Grande Loge de France : M. Marcel Plaisant, Sénateur : « La Crise du Désarmement »; le professeur Grauthoff, de Berlin : « Ce que l'Allemagne attend de la France »; M. le baron A. von Maltzahn : « Littérature et Théâtre dans l'Allemagne actuelle ».

3° Une bourse de voyage en Allemagne fut attribuée à un collégien, orphelin de guerre.

4° Des services multiples furent rendus tels que l'introduction auprès de nos amis allemands des Français se rendant en Allemagne, des adresses de jeunes Allemands procurées aux collégiens français pour échanger la correspondance, etc.

8. Section Française des Amitiés Internationales.

Modes d'activité.

Les activités de la section frarnçaise des Amitiés Internationales sont très variées.

1° Elle organise des conférences étrangères et françaises.

2° Ses déjeuners internationaux d'Amis de la Paix forment une tribune à laquelle parlent chaque mois, sur des sujets choisis avec précision, de hautes personnalités françaises et étrangères.

3° Son Comité Artistique, dirigé par MM. Pierre Rameil et Paul Landowski, membre de l'Institut, organise des réunions artistiques qui constituent encore un terrain de rencontre très recherché entre personnes de nationalité différente.

4° Son secrétariat comporte un service de renseignements pour les échanges de séjours d'adultes ou d'enfants à l'étranger, de conversations entre personnes de nationalité différente, etc.

5° Son Comité d'Accueil et de Propagande organise des conférences faites dans des salons, afin d'atteindre un public peu accessible jusqu'à présent à la propagande pour la Paix et la S.D.N.

6° L'Association organise sur des sujets de politique ou d'économie internationale des conférences réservées aux membres des Comités des principales associations pour la Paix et la S.D.N. Ces conférences sont suivies de fructueuses discussions. Les prochaines réunions de cet ordre seront consacrées au désarmement et présidées par M. Henri de Jouvenel.

7° L'Association organise des voyages à l'étranger, qui ont également beaucoup de succès.

8° Séances de musique internationale.

PRINCIPALES RÉUNIONS ORGANISÉES DANS LA PÉRIODE INDIQUÉE

a) *Conférences :* M. Justin Godart : « Les récents événements de Palestine ». — M. Emil Ludwig : « Goethe ». — M. Jules Romains : « Ce que l'homme dans la rue pense en France de l'organisation de la Paix ». — M. Emile Vandervelde, même sujet, en ce qui concerne la Belgique. — M. Alexandre Lednicki, même sujet en ce concerne la Pologne. — M. le Dr C. K. Sié, Ministre de Chine à Bruxelles : « La jeune Chine ». — M. le Prof. Georg Bernhard : « La solidarité économique de l'Europe ». — M. Yves Le Trocquer : « La coopération économique européenne ». — M. le comte Wladimir d'Ormesson : « L'avenir des relations franco-allemandes ». — M. Fernand Maurette : « L'enseignement international »; etc., etc.

Réunion consacrée au désarmement, au cours de laquelle MM. l'Amiral S. R. Drury Lowe, Jean Hennessy, et le baron von Rheinbaben, ont présenté les points de vue respectifs de leurs pays.

Allocutions prononcées au Poste National de T.S.F. de la Tour Eiffel, sous les auspices de la Section française des Amitiés Internationales, par MM. Emil Ludwig, Yves Le Trocquer et Son Excellence M. Milan Hodza, Président de l'Académie d'Agriculture Tchécoslovaque.

Allocutions prononcéès au Poste National de T.S.F. de l'Ecole des P.T.T. par MM. Alexandre Lednicki, M. le Doyen C. K. Sié et M. Ch. Braibant.

b) *Séances musicales :* Séance consacrée aux œuvres d'Arthur Honegger, avec le concours du compositeur, sous la présidence de M. Paul Valéry, de l'Académie Française. — Audition de chants populaires anglais, irlandais, galliques et canadiens.

c) *Déjeuners internationaux d'Amis de la Paix.* — Ont pris la parole, entre autres : l'Ambassadeur des Etats-Unis, MM. les Ministres du Danemark, de la Suède, de Roumanie, de Tchéco-Slovaquie, de Norvège, d'Irlande, du Canada et d'Haïti ; MM. Joseph Caillaux, Paul Painlevé, Louis Loucheur, Emile Borel, André Honnorat, Yves Le Trocquer, le Professeur Charles Richet, le Général Nollet, Jean Hennessy, Henri Bérenger, James Hennessy, Henri Bonnet, Sir Rabindranath Tagore, MM. Emil

Ludwig, Milan Hodza, de Pékar, baron von Rheinbaben, Yovanovitch, Stronski, Henri Rolin, Ernest Bovet, Albeniz, Sokoldnicki, Prof. Georg Bernhardt, Recteur Charléty, Prince Charles de Rohan, M. Fernand Maurette, comte Wladimir d'Ormesson, Mme la comtesse Dohna, Mlle Weiss, etc.

d) *Conférences organisées par le Comité d'Accueil* : M. Paul Langevin : « La Science et la Guerre ». — M. le comte Régis de Vibraye : « Les relations franco-allemandes et l'avenir de l'Europe ». — M. André Chamson : « De la Provence au Sud-Tyrol. Le problème des langues dans l'Europe actuelle ». — M. Jacques Chabannes : « Non! Dieu est Européen ».

e) *Visites-conférences organisées par le Comité Artistique* : Palais du Luxembourg, Atelier du maître François Sicard, Hôtel du Ministère des Affaires Étrangères, Atelier du maître Lucien Simon, Exposition Coloniale, Hôtel de Nevers, Château d'Ormesson, Hôtels Soubise et de Rohan, Arsenal, Ateliers de MM. le Corbusier, Lucien Madrassi, Poulbot ; Manufacture des Gobelins, etc.

f) *Divers :* Dîner offert au Docteur Félix Weingärtner, avec le concours de la Ligue des Anciens Combattants pacifistes ; déjeuner organisé en l'honneur du Prof. Joseph Turnau, directeur de l'Opéra de Francfort.

9. Ligue Internationale des Mères et des Educatrices pour la Paix.

La Ligue a fait preuve d'une grande activité pendant cette dernière année.

En septembre 1930, elle a pris part au Congrès international d'Education morale à Paris. Elle y a présenté un rapport sur ce sujet : L'histoire ancienne à vol d'oiseau dans les écoles primaires en vue de l'éducation pacifiste. En 1931, une expérimentation relative à ce rapport a été faite à l'école-annexe de l'École Normale de la Seine.

Au début de novembre 1930, la Ligue a lancé une adresse à M. Briand, Ministre des Affaires étrangères, pour le soutenir contre les attaques passionnées dont il est l'objet dans une grande partie de la presse. Cette adresse, qui a été tirée sur cartes postales à environ 50,000 exemplaires, a eu un succès inespéré. Elle est arrivée au quai d'Orsay par dizaines de mille.

M. Briand lui-même, dans un discours prononcé dans un banquet politique, a parlé de ces cartes postales qui lui arrivaient par ballots de tous les coins du pays. Cette adresse a déterminé la création d'une section allemande de la Ligue, avec deux centres : Munich et Berlin ; d'une section belge, à Bruxelles ; donné une nouvelle activité à nos protagonistes de Hollande et éveillé de l'intérêt en Suède, en Angleterre et en Suisse.

Au moment de Noël, en vue de procurer un peu de joie à quelques enfants de chômeurs allemands, la secrétaire générale a fait envoyer, au nom des Mères françaises, par l'intermédiaire des *Amis*, une somme de 300 francs à Berlin. Ce geste de solidarité et d'amitié a été accueilli par les petits bénéficiaires de l'envoi et leurs parents d'une manière tout à fait émouvante, dont la secrétaire générale a rendu compte dans le Bulletin de la Ligue (*Peuples Unis*, janvier-février 1931).

En novembre 1930, Mlle Angles, inspectrice générale des Écoles maternelles, membre de la Ligue, et deux déléguées de la Ligue ont pris part à la Conférence nationale d'Éducation organisée par le *Comité d'Entente des Associations françaises pour la Paix par l'Éducation*, Mlle Angles a présenté à ce Congrès un rapport remarquable sur ce sujet : « L'application en France des Recommandations du sous-Comité des Experts. Ce qui a été fait ; ce qui reste à faire. »

En mars 1931, la Fédération des Associations laïques de Seine-et-Oise a invité la Ligue à un Congrès qui s'est tenu à Ermont et qui a donné à la Ligue l'occasion de faire connaître son but, ses moyens d'action et les formes de son activité.

Le 19 février 1931, la Ligue a réuni ses adhérentes, à Paris, pour l'élection d'un Comité provisoire et l'élaboration des Statuts. Cette séance de travail a été suivie d'une conférence du Dr Espe, professeur allemand, sur « La jeunesse allemande à la croisée des chemins ».

Pendant l'hiver 1930-31, la Ligue est entrée dans le *Comité d'Action pour la Paix* constitué par la *Société des Amis*, afin d'organiser une campagne pour la paix dans les milieux ruraux. Cette propagande a commencé par l'arrondissement de Gien et y a remporté un succès inespéré, grâce auquel notre Ligue a pu recruter des correspondants dans 34 communes, où la propagande s'organise.

En mars 1931, les *Grandes Associations pour l'Essor national* ont diffusé par T.S.F. un appel de la Ligue rédigé par Mlle O. Laguerre.

En mars 1931 encore, la Ligue a participé au *Comité international de Coordination des Forces pacifiques*, réuni à Paris pour coordonner les efforts en faveur du désarmement.

Le 19 avril 1931, a eu lieu à Paris une assemblée générale des correspondantes départementales. A cette occasion a eu lieu une conférence très applaudie de Mme Angèle Schreiber, députée au Reichstag, sur « La situation actuelle de la famille ouvrière allemande ». L'assemblée adressa un message de sympathie aux femmes espagnoles.

Au cours de cette campagne, il a été distribué plus de 150,000 feuilles de propagande, plus de 200,000 bulletins d'adhésion, et toutes les adhérentes ont reçu les quatre tracts éducatifs édités jusqu'ici. Le n° 5, qui est à l'impression, est destiné à faire connaître le mouvement pacifiste en Allemagne. Des dizaines de milliers de cartes postales figurant les horreurs de la guerre ont été vendues.

En résumé, le nombre des membres de la Ligue, qui était de 15,000 en juillet 1930, s'accroît constamment et atteindra sans doute le chiffre de 25,000 avant peu.

La Ligue s'organise dans de nouveaux départements et gagne peu à peu l'étranger par sa propagande tenace. Elle est heureuse de pouvoir affirmer qu'elle est dès maintenant une des forces vives du pacifisme français.

GRANDE-BRETAGNE — GREAT-BRITAIN

League of Nations Union.

15, Grosvenor Crescent, London, S.W.1.

Joint Presidents : Rt. Hon. the Viscount GREY OF FALLODON, K.G.; Rt. Hon. the Viscount CECIL OF CHELWOOD, K.C.

Honorary Presidents : Rt. Hon. Stanley BALDWIN, M.P. ; Rt. Hon. J. R. CLYNES, M.P. ; Rt. Hon. D. LLOYD GEORGE, O.M., M.P.

Chairman of Executive Committee : Prof. Gilbert MURRAY, LL.D., D. Litt.

General Secretary : J. C. Maxwell GARNETT, C.B.E., Sc.D.

Overseas Secretary : Captain A.E.W. THOMAS, D.S.O.

The education of public opinion by the League of Nations Union has proceeded steadily throughout 1930. The people of this country are coming to realise the international community of which they form part, and are less inclined to think of the modern world as if we still lived in the heyday of really independent sovereign States.

1. *"The Greatest Crusade of all".*

One of the most notable gatherings ever held by the League of Nations Union was the dinner given in the Guildhall, London, on October 30th, 1930, to the delegates then attending the Imperial Conference and to the delegates, British and Imperial, lately returned from the League of Nations Assembly.

H.M. the King, who has on many occasions given his blessing to the League of Nations Union, sent a message ending with these words :

"May the efforts of the Union, in co-operation with similar Bodies in other countries, succeed in securing that whole-hearted support of public opinion so vital to the ultimate success of the League itself."

H.R.H. the Prince of Wales was the guest of honour. Referring to the work of the Union, he said :

"Public opinion must be the very foundation of the world League... In education, we are often told, lies the key to the future. But we adults need it, perhaps, just as much as children do... The numerous sections of the League of Nations Union's Organisation show that the need has been felt of carrying out this educational work in a methodical and business-like manner. Such work calls for the support of every right-thinking man and woman ; and I trust that the people of this country, which has been the pioneer of so many great and beneficent movements, will realise the urgent importance of doing all in their power to assist the League of Nations Union in the greatest Crusade of all—the Crusade for World Peace."

2. *Membership of the Union.*

During 1930 the number of Branches increased from 2,852 to 2,982 Junior Branches from 773 to 940, Corporate Members from 3,058 to 3,376, Corporate Associates from 562 to 687, Industrial Associates from 64 to 127, and other bodies affiliated to, or associated with, the Union from 33 to 36.

On December 31, 1930, the membership of the Union, counting all those who have joined and have not been reported to Headquarters as having resigned or died, was 889,432, but the number of membership subscriptions paid during the year was 397,340—5 per cent. more than in 1929.

Further the Union has many thousands of Junior Members organised in 940 Junior Branches and groups; and the Children's League of Nations now numbers more than 22,000 boys and girls, all of whom are Junior Members of the League of Nations Union.

3. *Education.*

During the past twelve months the Local Education Authorities have had under consideration the report of the Joint Committee of Enquiry into the Teaching of the Aims and Achievements of the League of Nations. Many local authorities, including the London County Council, have requested all their schools to give as full effect as possible to the recommendations of the Joint Committee.

In the course of their Report the Joint Committee rightly placed considerable emphasis upon the responsibility of the Teachers' Training Colleges and urged the Union to consider whether it could not develop the work it had started in that sphere. It is, therefore, gratifying to be able to record that during the past year a Travelling Secretary for Training Colleges has been appointed, and has already visited a large number of the Training Colleges. In the summer an important group of Lecturers from the Training Colleges took part in the work of the Geneva Institute of International Relations and held their own Conference in Geneva on the Teaching of Geography. Also arrangements were made for a group of students from these Colleges to attend the summer School of the International Federation of League of Nations Societies.

4. *Work in Wales.*

In Wales the Advisory Education Committee has gone forward steadily with is work. The Committee held its Ninth Annual Three-Day Conference in November at Gregynog Hall, by the invitation of the Misses Davies. The guests at the 1930 Conference were Professor Gallavresi, of Milan, Chairman of the Education Committee of the Federation of League of Nations Societies, the Countess Dohna, of Berlin, Secretary of the Education Committee of the German League of Nations Union, and Professor Madariaga, of Oxford.

For the third year in succession Secondary Schools in Wales took part in the annual examination for "Geneva Scholarship", and five Welsh Secondary scholars attended the Summer School of the Federation at Geneva.

The World Wireless Message of the Youth of Wales was broadcast on Good Will Day, May 18, 1930, for the ninth year in succession. The adoption of the Message in the schools of the Principality was on a wider scale than ever, and replies reached Wales from schools in no less than forty-eight countries.

5. *The Cinema.*

In the sphere of the cinema the Union continued to hire out all available copies of its own silent film, *The World War and After*, which, with the co-operation of Local Education Authorities, has now been shown to nearly 1,000,000 children in this country. This film has been singled out for very favourable comment by the Historical Association which has just concluded a scientific enquiry into the use of films in the class room.

The Union's contacts with the Boy Scouts and Girl Guides are more friendly than ever and we have now succeeded in interesting in our work practically every organisation of any importance working amongst boys and girls.

A Second Junior Summer School at Geneva for boys and girls from the Upper Forms of Public and Secondary Schools was held, and was so successful that it will undoubtedly be repeated annually.

With the help of the Travel section a series of very successful Summer Schools were again arranged, including a Whitsuntide School at Cober Hill on the Yorkshire Coast, largely attended by members of the National Adult School Union, and the Nineteen-Thirty Summer School for the study of contemporary international affairs at Trinity College, Cambridge, in September. The usual summer session of the Geneva Institute of International Relations organised by a joint committee of members of the League Secretariat, the International Labour Office, the League of Nations Association (U.S.A.) and the

Union met in the Council Chamber at the end of July and provided opportunities for a week's intensive study of "The Beginnings of World Government". The proceedings have since been published in a Fifth Series of "Problems of Peace". There was an autumn school organised by the Scottish National Council at Dumblane in October, and attended by 130 members and educationists from all parts of Scotland.

6. *Universities and Colleges.*

The work in Universities and Colleges has progressed under the care of the British Universities League of Nations Society. During the year the Society had 5,000 individual subscribing members drawn from every University and University College in Great Britain and Northern Ireland, and in thirty-nine Teachers' Training and Theological Colleges.

Foreign students in the British Universities have contributed notably to the discussion of international affairs. In London 1,000 students of more than thirty nationalities took part in a reception at University College arranged by the Union's Welcome Committee, whose Secretary acts also as Honorary Hostess to the Society. Many of these students have subsequently taken part in the work of the Students' International Assembly, and a series of informal evening receptions have contributed to a better understanding between British and foreign students in London.

Under the auspices of the B.U.L.N.S. the Union was able to send over 150 British students to summer schools abroad, to the Academy of International Law at the Hague, and in Geneva to the Geneva Institute of International Relations, the Geneva School of International Studies, the Summer School of the International Federation, and the Fourth Annual Conference of British and Dominion Students organised by the B.U.L.N.S.

During the year the Society founded a branch of the Union in the Queen's University, Belfast, and an Irish Universities League of Nations Society with branches in University College, Dublin; and University College, Cork.

In January 1931 students from all the Universities of Great Britain and Northern Ireland and from many of the teachers' Training Colleges took part in an International Congress at Glasgow, organised by the B.U.L.N.S. There were present over six hundred students including large numbers of foreign students registered at British Universities. Hospitality was provided for four days by the University and City and by the Glasgow and West of Scotland Branches of the Union.

The Congress was addressed by Professor Murray, Professor Rappard, Dean Inge, Sir Norman Angell, Sir Josiah Stamp and others on a variety of subjects and provided opportunities for considering the kind of contribution the University man and woman can make to international understanding in business, in the civil service, in politics and the Church, as a schoolmaster or a journalist and in other occupations.

The Congress received an excellent press throughout the country and has brought fresh strength to the Union's work in the Universities.

7. *Information.*

The need for such voluntary societies as the League of Nations Union in the United Kingdom "to keep public opinion, which is the ultimate mainstay of the League, fully informed", has recently been stressed by Sir Eric Drummond himself. It is of the utmost importance that the Union should be supplied with prompt and full information about all the League's work. This task falls chiefly upon the Intelligence section. The number of requests for information on the League and international affairs in general has noticeably increased.

In particular, there has been a marked growth of the desire for information among members of the teaching profession. The increase in popularity of "Model Assemblies" leads to many demands for help for which up-to-date material has to be prepared, often for fifty or more speakers.

The section continues to provide, as in the past, monthly *Speakers' Notes* on current topics.

8. *Library.*

During 1930, 1,550 books, pamphlets and documents have been added to the library. The total stock of the library is 7,401 volumes, 3,410 pamphlets, 3,460 documents, in addition to reference sets, the International Labour Library, and the 1,500 volumes in the sub-libraries. The issues of books during the year were 13,200, an increase of just over 1,000 on the figures for 1929. 286 boxes of books have been sent out to

Public Libraries, Branches and Schools, and 77 study circles have been supplied. Owing to this method of circulating books through the local agency of the branch, school or public library, the number of borrowers and of books issued is actually larger than the figures would imply. From Headquarters alone nearly 1,000 readers borrowed for the first time in 1930.

The Library is claimed to be the finest League of Nations Library in Europe, except the League's own library at Geneva, and every member of the Union is entitled to use it free of charge other than defraying the carriage both ways on books borrowed.

9. *Overseas.*

The Overseas Department is the channel of communication between the Union and the International Federation and the Societies in the Dominions. It also sends to the Dominions, in some of which League of Nations Societies are not yet fully organised, a steady supply of information about the League as well as about activities of other League of Nations Societies.

The department also makes arrangements for the dispatch of *Headway* by individual members at home to interested people in other countries, and assists in arranging for international correspondence between school children ; it collects and supplies information concerning the activities of other League of Nations Societies : it supplies introductions to English people going abroad, and in general handles all the Union's foreign correspondence, the volume of which is steadily increasing.

The Overseas Committee also acts as the British National Committee for European Co-operation, whose international meetings are held at the same time and in the same place as the meeting of the International Federation.

10. *Paris.*

Valuable work is still being carried out under the Paris Section of the Union.

Among the lecturers to the Meetings organised by the Section during the year may be mentioned : Professor Zimmern, M. Albert Thomas, M. François (Belgian Senator), Mr. Urwick, Sir John Fischer Williams and Mr. F. Whelen. The League of Nations Association U.S.A. (Hon. Secretary, Mr. Philip S. Henry) co-operated in most of these meetings. The unofficial liaison work effected by the Secretariat is much appreciated in Paris, and close contacts are maintained with the Paris Bureau of the League of Nations, the newly formed *Ecole de la Paix* and with the International Institute of Intellectual Co-operation, which still extends the hospitality of its offices and lecture hall.

11. *Economics.*

At the end of 1927 the Union's Economic Committee was reconstituted and given the special task of watching the progress in connection with the World Economic Conference and its recommendations. The Committee, consisting of eminent economists sitting under the Chairmanship of Mr. Hartley Withers, has rendered valuable service in advising the Executive Committee on economic issues, and particularly on such subjects as The Bank for International Settlements and the Report of the Gold Delegation of the League's Financial Committee.

12. *The Union and Parliament.*

It was recorded in the 1929 Report that in consequence of the Union's activity prior to the General Election of 1929, Headquarters had "the groundwork upon which to build in the future a more sustained and coherent system of co-operation between the Union and Parliament". Three developments in this sphere in 1930 particularly merit attention : first, the progress made in establishing satisfactory relations in the constituencies between local organisations of the Union and their Members of Parliament : secondly, the reform of that part of the Union's central organisation which co-ordinates this work : thirdly, the framing of a new Statement upon International Policy.

It is desirable again to make clear the principles upon which are based the action and organisation of the Union in the realm of international politics. It is the duty of the Union, in the terms of its Royal Charter, "to advocate the full development of the League" in order to attain the purposes for which it was founded. This means what is popularly called "having a policy"; thus the Union is bound to say from time to time what it believes to be the right course for the British Government to take, in order to secure the full development of the League. The next principle is that, in carrying out this duty, the Union must preserve its representative, national, all-party character. Again, in any action of this kind, the Union must employ proper constitutional methods—that is, in the concrete, it must promote suggestions addressed to Members of the House of Commons or discussions with them by their own constituents. Hence the plan recommended to local organisations during 1930. The end of 1930 saw this system, with the modifications required by local circumstances, established in a good proportion of the English counties and boroughs and in the West of Scotland. It is the aim of the Executive Committee to extend it to the whole of Great Britain in 1931.

The Union had not, until the summer of 1930, any advisory committee specially concerned with its Parliamentary activity. This defect was remedied when the former Committee upon International Arbitration, Security and Disarmament was enlarged and transformed into the Political and Parliamentary Committee under the Chairmanship of Lord Cecil. Its duty is to aid the Executive in the preparation and application of policy and the maintenance of those relations with Parliament.

During 1931 every effort is to be made in order to ensure the success of the World Disarmament Conference of 1932 and preparations for an intensive and co-ordinated disarmament drive are already being actively pursued. During the first two months of the year 1931, the 3,009 local branches of the League of Nations Union were asked to devote special attention to educational work on the problem of Disarmament. An appeal in this sense was addressed to 3,341 corporate members, 117 industrial associates, 37 commercial and industrial organisations and to more than 90,000 individual members. Speakers and lecturers have been supplied by the League of Nations Union to 586 public meetings.

In fulfilment of the International Federation's XIVth Plenary Congress resolution urging societies to undertake an intensive campaign to impress on public opinion the importance of mutual guarantees, a highly successful Conference on the meaning of International Security was held in the Council Chamber of the Guildhall, London, on March 24th and 25th. Papers were read on such subjects as the Relation of Security to Disarmament, the Implications of the Covenant, the Application of the Principle of Sanctions and Action by States

Members to suppress Aggression. General conviction was expressed that the provisions for mutual assistance contained in the Covenant (Arts. 8, 10, 11, 16) were essential to the efficiency of the League system.

13. *Publicity.*

The principal sub-sections of this section are those concerned with the Press and with Public Meetings, which are described separately below. These are co-ordinated and guided by a Publicity Committee, which consists chiefly of persons having direct experience of journalism, broadcasting and the Union's local activities. At a Conference between delegates of the Union and of adult educational organisations held in May, 1930, the British Broadcasting Corporation announced that talks upon international affairs would in future become a regular part of the wireless programmes. The most friendly relations have been maintained throughout the year between the Union and the Corporation.

A new system has been inaugurated of organised co-operation between Union branches and the exhibitors of films particularly calculated to create a frame of mind favourable to its educational work such as *Journey's End* and *Peace on the Western Front.*

a) *Press.* — The Union's press activity has expanded during 1930. This activity falls into three main parts : the first consists of answering enquiries and of supplying explanations and documentation about the League's work to editors and diplomatic correspondents of national daily and weekly papers : the second of supplying articles and news paragraphs to English provincial papers and those published in the Dominions and Colonies : the third of issuing communiqués and explanatory notes upon the Union's attitude in matters of international policy. Intercourse between the Union and the London press has, during the year, become more frequent and more intimate, and the marked increase of newspaper space devoted to League affairs cannot be wholly unconnected with this fact. The total number of English provincial papers receiving from the Union articles or paragraphs not less frequently than once a month has increased from 206 in December, 1929, to 310 in December, 1930. In explanation of the Union's views and in obtaining publicity for speeches delivered on its behalf, 15 communiqués and four special memoranda for editors have been issued.

Further, 120 exclusive articles have been supplied in response to special requests ; letters in reply to inaccurate statements or criticisms—as, for instance, those relating to the Preparatory Disarmament Commission—have been constantly sent to and published in national and local papers. Notes on the International Labour Organisation have been regularly supplied to 49 Trade Union and Employers' papers, and a weekly news bulletin is sent to 127 different centres, as against 100 at the end of 1929.

b) *Public Meetings.* — One of the most remarkable signs of the continuous interest of the British public in the problems of peace long after the emotional reaction from the Great War has passed is the fact that in the year 1930 speakers were secured by Headquarters alone for no less than 4,061 meetings. Many other meetings for which the assistance of Headquarters is not asked are held throughout the year by branches and districts. In Armistice week alone speakers were provided for 435 meetings by Headquarters—more than in any previous year.

c) *Publications.* — A number of different sections and subsections are concerned in the work of producing and distributing the Union's publications and, though some specialised ones are referred to under other headings, it is convenient here to treat of this side of our work as a whole.

The circulation of the monthly review, *Headway*, has now reached 100,000. A greater number of experts upon international affairs have contributed special articles to this paper than to any other monthly review published in the English language. Attempts to improve the general appearance of the journal are being made, and there is much evidence to show that the improved appearance of the journal has resulted in its being read with considerably greater appreciation and thoroughness.

The monthly circulation of the *News Sheet* is now about 60,000, and of its quarterly editions 120,000. The circulation of the half-yearly inset for church magazines is now 156,000. *League News*, a paper for boys and girls, has been published every term with a circulation of 35,000, and for the benefit of the Children's League of Nations there is regular collaboration with the editor of the *Children's Newspaper.*

The Union, besides being a publisher, is, through its Bookroom, a bookseller. It stocks and sells, among other things, books produced by various publishers on international affairs, such as *Ten Years' Life of the League of Nations*, for which there has been a considerable demand, particularly among teachers, and *Ten Years of World Co-operation*, published by the League of Nations itself.

14. *Industry and Commerce.*

One of the most important aspects of the Union's work is making known the work of the International Labour Organisation. This is one of the functions of the Industrial Advisory Committee, which, in addition, endeavours to secure, as far as possible, the active support of employers and workers in the whole work of the League of Nations. The President of this Committee is Lord Burnham, who, on three occasions, has been President of the International Labour Conference, and the Chairman is Captain L. H. Green, of the Flour Milling Employers' Federation. The Committee consists of representative Employers, Trade Unionists and Co-operators, and it is fortunate in having among its members Mr. Arthur Hayday, M.P., who has been elected President of the Council of the Trades Union Congress for 1930-31, and Mr. E. L. Poulton, who for many years has been the British Workers' delegate to the Governing Body of the International Labour Office.

For several years the Union has held a Conference which discusses some aspect of the work of the International Labour Office; such a one was held at the London School of Economics in February last, which considered "Wages and Unemployment". It was a two-day Conference, organised by the Union's Industrial Advisory Committee, and the delegates, representing employers' organisations, Trades Unions, etc., from all over the country, discussed at the different sessions the subjects of Gold and the Price Level, Wages in Relation to the Social Services, the Relation between Wages and Employment and International Aspects of the Wage Problem. Each of these aspects of the problem were dealt with by experts. The Conference was fortunate in having a permanent Chairman in Sir William Beveridge, K.C.B., the Director of the London School of Economics.

About fifty representative employers and workers accompanied the Union's party of visitors to the International Labour

Conference in June. During the visit the group attended meetings of the Commissions of the Conference; heard lectures from experts in Geneva on the origin, constitution and work of the Conference, and were welcomed by M. Albert Thomas, the Director of the International Labour Office, and by the Deputy-Director, Mr. H. B. Butler, C.B. This year, too, the group met Miss Margaret Bondfield, the British Minister of Labour.

The demand from Industrial Organisations for meetings concerned with the International Labour Organisation necessitated the appointment, about six years ago, of a full-time speaker, and that need has been conspicuously filled by Mr. T. W. Gillinder, a Trade Unionist of many years standing. During 1930 Mr. Gillinder has addressed upwards of 200 meetings, varied in character, which include branches of the League of Nations Union, Co-operative Women's Guilds, Trades Unions, Trades Councils, Rotary Clubs, etc.

Over 500 Industrial Organisations have now joined the Union, either as Affiliated Members, Industrial Associates or Corporate Members, and there is evidence that this number will greatly increase.

15. *Religion.*

In its work amongst the Churches the Union is advised by its Christian Organisations Committee, which is representative of all denominations. The Committee seeks to co-operate closely with other organisations which are trying to arouse Christian public opinion on international questions. The scheme of co-operation which was drawn up in 1929 between the Union, the World Alliance for the Promotion of International Friendship through the Churches, and the Christian Social Council has proved its usefulness in 1930. A united approach to Theological Students is being made, and a book on Christian Internationalism is being planned.

The panel of clergymen and ministers who are willing to preach on behalf of the Union, which was formed in 1929, has grown and there are now more than 700 names upon it.

The Union has been greatly encouraged by the Resolutions of the Lambeth Conference, 1930, on Peace and War. One of these Resolutions—

> "Appeals to all Christian people to... help actively, by prayer and effort, agencies (such as the League of Nations

Union and the World Alliance for the Promotion of International Friendship through the Churches) which are working to promote good will among the nations."

165 Churches and Church Societies joined the Union as corporate members during the year, making a total of 2,459.

The Religions and Ethics Committee, which includes, as well as Christians, members of other religious and ethical bodies, endeavours to organise general religious co-operation in support of the League.

16. *Women's Organisations.*

During 1930 the Women's Advisory Committee, under whose auspices the work of the section is mainly carried out, has been largely engaged in studying the problem of the Mui Tsai system in Hong-Kong. This question has been very thoroughly discussed, and a good deal of information on the subject collected. Resolutions in favour of the abolition of the Mui Tsai system have been adopted and forwarded to His Majesty's Government.

Other questions of international policy which have engaged the attention of the Council, and on which resolutions have been adopted, have been the work of the Child Welfare Committee and the Nationality of Married Women.

17. *Welcome Committee.*

During the year an increasing number of foreign visitors have been entertained, including the Delegates attending the two important Conferences held in London : the Naval and the Imperial Conferences. Many private Receptions have also been given for the foreign students attending London Universities, at which addresses on the League of Nations have been delivered.

The pamphlet of the Welcome Committee has this year been translated into French and German, and copies distributed among foreign societies.

18. *Travel.*

In addition to the travel arrangements carried out in conjunction with Summer Schools, the Travel section organised at Easter a successful visit ot Holland. In co-operation with members of the Dutch League of Nations Society a programme of lectures and excursions was arranged, and by the courtesy of the Registrar of the Permanent Court, who received the party personally, a special opportunity was given for a visit to the Peace Palace.

Two parties of branch secretaries, speakers and other members of the Union visited Geneva for the first and second weeks of the Assembly, and for each group a programme was arranged which included visits to the Assembly in Session and lake and mountain excursions.

19. *Appeals.*

The task of the Appeals section is to raise funds, partly for the national work carried out by Headquarters and partly for the more localised work carried out by Federal Councils, in the formation of which a very large part has been played by the Union's Appeals Office. The preparation and launching of the 100,000 Foundation Membership scheme was due to this section, which continues to be actively concerned in the carrying out of the scheme.

20. *Regional Representatives.*

The duties of the Regional Representatives, of whom there are eight, are legion. They include the stimulation and supervision of the work of the Union's organisations in their respective areas; the formation of new branches and the organisation of other activities for educating and making effective public opinion concerning the League; the assisting of branches and groups of branches in the organisation of public meetings, the formation of Study Circles, the raising of Council's Vote quotas and the carrying out of other forms of branch activity; and, last but not least, the taking of steps necessary to bring about an increase in the membership of the Union.

GRÈCE — GREECE

Ligue Hellénique pour la Société des Nations.

Président : M. A.M. Andréadès.

Vice-Présidents : MM. G.N. Cofinas, P.A. Argyropoulos, Al. Antoniadès.

Secrétaire Général : M. Pierre Mamopoulos.

Trésorier : M. Démétre Georgiadès.

Éphore de la Bibliothèque : M. Phocion ZAIMIS.

Secrétaires : MM. A. MICHALOPOULOS, E. STEPHANOU, G. CHRISTODOULOU.

Conseillers : MM. G. AFENDOULIS, M. GEORGANTAS, Cl. GEORGIADÈS, Socr. COUGHÉAS, Alex. COUCLÉLIS, Gh. COULOURAS, G. MANTZAVINOS, G. MARIDAKIS, G. MÉLAS, A. PALLIS, G. POP, C. TSATSOS.

Adresse pour la correspondance : M. MAMOPOULOS, 9, rue Paparrigopoulo, *Athènes*.

HONGRIE — HUNGARY

I. Fédération Hongroise des Associations pour la S.D.N.

Des progrès importants ont été réalisés dans l'activité de la Fédération au cours de l'année écoulée. Ce progrès se marque surtout par l'adhésion de plusieurs Associations à la Fédération Hongroise, ainsi que par le nombre des auditeurs de notre École de Hautes Études internationales et par les conférences faites par des personnalités éminentes du pays et de l'étranger. La Fédération compte à présent, outre ses membres originaux :

Association Hongroise des Affaires étrangères et pour la S.D.N. ;
Alliance des Associations du Nord pour la S.D.N. ;
Association Hongro-Sicule pour la S.D.N. ;
Association régionale du Sud pour la S.D.N. ;
Association Hongroise pour la Paix et la S.D.N. ;
Association Hongroise des Étudiants pour la S.D.N.,

les Associations suivantes :

Association Catholique des Maîtresses de Maison ;
Union des Associations Féminines de Hongrie ;
Ligue Catholique Féminine de Hongrie ;
Société Féministe ;
Croix-Rouge Hongroise ;
Comité Hongrois contre la Traite des Femmes et des Enfants ;
Chambre Centrale d'Agriculture ;
Chambre de Commerce et d'Industrie de Budapest ;
« *Le Village* », *Ligue Centrale des Agriculteurs*.

Les délégués des Associations susmentionnées, qui prennent

part aux séances de la Fédération, manifestent un vif intérêt à toutes les questions dont s'occupe la Fédération, et nous avons tout lieu de croire que pendant la XVe Assemblée de l'Union, qui aura lieu au mois de mai à Budapest, leur concours ne nous fera pas défaut.

Quant à l'École des Hautes Études internationales, qui fonctionne déjà pour la cinquième année, le nombre des auditeurs a atteint le chiffre de 133. Toutes les couches de la Société y sont représentées. L'École compte parmi ses auditeurs depuis l'humble artisan jusqu'à des personnages de la haute société. L'auditoire s'intéresse beaucoup à l'École d'Été de l'Union, et notre Association a fait déjà les démarches nécessaires auprès des autorités en vue d'obtenir plusieurs bourses destinées à ceux qui ont suivi les cours avec le plus de résultat.

La série de conférences organisée par l'Association a eu un succès considérable, surtout celle qui a eu pour but de faire connaître le système de la politique intérieure et extérieure des divers pays de l'Europe. En outre, nous avons organisé une série de conférences sur le rôle que la Société des Nations a joué dans les différends entre pays, où son intervention fut couronnée de succès.

Parmi les conférenciers de l'étranger, nous avons eu l'honneur de recevoir au sein de notre Association M. van Overbeke et Mme Bakker van Bosse, qui ont fait des conférences sur la question des Minorités, ainsi qu'une délégation française de députés, membres de la Commission civile et criminelle de la Chambre.

L'Association Hongroise des Affaires étrangères poursuit son double but : éveiller l'intérêt du public hongrois sur les questions internationales et faire connaître la Hongrie à l'étranger, avec beaucoup d'énergie, et c'est un succès brillant qu'elle est à même de signaler. Elle se félicite de constater que le changement qui s'est produit dans l'opinion publique au point de vue de la S.D.N. est dû à ses efforts. Nous nous bornerons à mentionner le fait que notre Président, le Comte Albert Apponyi, a fait deux conférences sur la S.D.N. au sein de l'École des Hautes Études internationales, devant un auditoire choisi et nombreux. Ces conférences ont eu une influence décisive sur l'opinion publique. La conception élevée de l'orateur sur l'organisation de Genève, la justesse de ses arguments ont persuadé les auditeurs de la haute valeur et de la nécessité de l'existence de la S.D.N.

Un résultat important a été obtenu par la publication de notre revue des affaires étrangères, *Külügyi Szemle Revue.*

L'intérêt qui se manifeste dans la société au sujet de l'Assemblée prochaine de l'Union à Budapest est aussi un résultat de nos efforts, et nous espérons que la visite de nos hôtes, que nous attendons dans un esprit de cordiale hospitalité, donnera un nouvel élan au développement de la Fédération Hongroise des Associations pour la S.D.N.

2. Société Hongroise pour la Paix et la S.D.N.

Le mouvement purement pacifiste en Hongrie n'a pu se développer après la guerre en raison des circonstances politiques et a dû se limiter à l'étude des problèmes de la Société des Nations et de l'idée de la Paneurope.

L'activité de la Société pour la Paix et la S.D.N. a consisté, au cours de l'année 1930, à organiser cinq conférences faites par des Hongrois ou des étrangers, à placer un certain nombre d'articles pacifistes dans les journaux, à charger un de nos écrivains illustres d'écrire un roman d'esprit pacifiste pour la jeunesse et à discuter au sein du comité des questions politiques au point de vue pacifiste.

3. Alliance des Associations du Nord pour la S.D.N.

Date de fondation : 29 juin 1922.

Nombre de membres : *a*) individuels, 900 ; *b*) collectifs, 19, avec 8,000 membres.

Nombre de sections locales : 2.

Budget : recettes, 1,000 pengö-s ; dépenses, 900 pengö-s.

Publications : Publications diverses dans les journaux.

Commissions spéciales : Comité de Dames. Comité d'internat.

Organisations avec lesquelles l'Association est en collaboration régulière : Association Hongroise des Affaires étrangères, Association Hongroise du Sud, Association de Littérature populaire, Association Hongro-Sicule, Alliance Nationale Hongroise, Ligue pour la Revision des Traités de Paix.

Modes d'activité.

1. *Propagande.*

Trois conférences, une réunion accompagnée de concert, un concert.

2. *Education.*

Entretien d'un internat des étudiants des hautes écoles.

3. *Questions sociales et économiques.*

Aide matérielle donnée aux réfugiés du Nord et aux pauvres originaires du Nord.

JAPON JAPAN

The League of Nations Association of Japan.

Patron : Prince I. TOKUGAWA.
President : Viscount E. SHIBUSAWA.
Honorary President : Viscount K. ISHII.
Vice-Presidents : Baron Y. SAKATANI, ex-Minister ; Dr. T. YAMAKAWA, Member of the House of Peers.
Secretary-General : Mr. S. OKUYAMA.
Treasurer : Mr. E. FUKAI, Vice-President of the Bank of Japan.
Founded : April 23rd, 1920.
Membership : Classified as follows :

a) Life Members	63
b) Sustaining Members (annual fee Y. 12) .	575
c) Ordinary Members A Class (annual fee Y.4).	1550
d) Ordinary Members B Class (annual fee Y.1).	2750
e) Associate Members (members in the International Section, annual fee Y. 4) . . .	150
f) Student Members (annual fee Y. 0.50) . .	6170
Total . .	11,258

Number of branches : Local, 15 ; Student, 49.

About 18 Student Branches in the city of Tokyo compose the *Eastern Federation*. About 10 branches in Osaka, Kyoto and Kobe compose the *Western Federation*.

Publications : These may be classified in four categories :

A. Periodicals : 1. *Kokusai Chishiki* or "International Understanding". This is the monthly organ of the Association. Each number contains contributions of from ten to twelve writers, on topics of international importance. The magazine is regarded as one of the most useful periodicals devoted to international relations in Japan.

2. *Sekai to Warera* or "The World and Ourselves". This is another monthly organ of the Association, and is distributed to B class members and to Student members. It consists of 48 pages, containing many beautiful illustrations and cartoons and now has nearly 12,000 readers.

3. *International Gleanings from Japan*, is a monthly organ of the Association published in English. It is distributed to the members of the International Section and also sent to sister associations in foreign countries.

4. *International Mail*. This is a fortnightly mail service to active members, both local and student. Many editors of daily papers also receive this service.

B. Books : The Association publishes from time to time books written by famous writers or authorities on topical questions. During the current year the following were published :

1. *Ten Years of the League of Nations*, by Dr. Y. Sugimura, pp. 102, Price Y. 0.80.

2. *The Year Book of International Relations*, 1929'30, by Dr. K. Matsubara, pp. 434, Y. 2.—.

3. *Political System of the U.S.A. and its Functions*, by Dr. U. Oyama, pp. 316, Y. 1.20.

4. *The Consequence of the London Naval Conference*, by Dr. T. Yamakawa, pp. 117, Y. 0.90.

5. *Out-look of the League of Nations*, compiled by the Information Bureau of the Foreign Office, pp. 117, Y. 0.20.

6. *The Year Book of Japanese Art*, 1929-'30, by the National Committee of Japan on Intellectual Co-operation, pp. 176, illustrations 98, Y. 6.— for ordinary binding, Y. 10.— for special binding.

C. Treaty Series :

No. 37. Treaty of Amity, Commerce and Navigation between Japan and Peru.

No. 38. Agreement Relating to the Chinese Courts in the International Settlement at Shanghai.

No. 39-40. Accord entre la Belgique et la Chine pour la Rétrocession de la Concession belge de Tientsin. — Traité d'Amitié entre la République Hellénique et la République Chinoise. — Convention for the Rendition of Weihaiwei. — Exchange of

Notes between His Majesty's Government in the United Kingdom and the Chinese Government regarding the Rendition of the British Concession at Chingkiang. — Exchange of Notes between His Majesty's Government in the United Kingdom and the Chinese Government regarding Claims for Losses Sustained by British Subjects at Chinkiang in 1927.

Special Committees :

a) Economic Committee composed of 54 members studied the following problems :

1. The European Economic Federation;
2. Population Problems in their International Relations;
3. Unemployment Problems in Japan;
4. Agriculture and Industry of Japan and the Population Problems;
5. The Commercial Convention;
6. Recent Development Relating to the Revision of the Immigration Law of the U.S.A.;
7. Present Depression and the ways out;
8. The Committee exchanged views and opinions with the British Economic Mission on the occasion of its visit to Japan.

b) Arbitration Committee. The sphere of the problems taken for study by this Committee, which is composed of eighteen members, included the General Act, The Optional Clause, Revision of the Covenant, and the Treaty for the Financial Assistance.

c) Opium Committee. This Committee, composed of 25 members, met frequently for the study of the opium problems in every sphere and listened to the reports or lectures from the authorities who were actually engaged with matters relating to restriction of drugs.

d) Religion Committee. At present, this committee is carrying its work through the newly organized body which stands for "Japan National Committee of the World Conference for International Peace through Religion" which embraces 63 committee members.

e) National Committee on Intellectual Co-operation. Recently, the translation of the Japanese Commercial Code into English has partly been completed by this committee, and its publication is now under way. A Sub-Committee has already succeeded in publishing three volumes of the Year Book of Japanese Art, and the 4th edition in expected to be out soon.

Sections :

a) Women's Sections. Formal inauguration of the Women's Section took place on 16th October 1930 which succeeded in enrolling as its Committee twenty six leading women interested in national and international movements in Japan. The formation of this Section was a feature in the women's movement of this country as it is expected to secure the affiliation of women's groups in various fields.

b) International Section. At the time the London Naval Conference was in progress, this section played an important role in the activities of this Association for the formation of sane public opinion concerning the Conference. The Section held many lectures and discussions on the subject of disarmaments, and at one time its resolution was communicated to the Chairman of the London Naval Disarmament Conference.

c) Children's Section. This section published a pamphlet : *Japan as a Member of the League of Nations,* which was distributed among three thousand schools, normal and secondary, throughout the country. The pamphlet consisted chiefly of the articles written by pupils themselves for the essay contest which was sponsored by the Section on the subject of "International Friendship".

Another little pamphlet was also published by this Section on the occasion of the International Goodwill Day, and was distributed very widely among the schools.

Activities : We have so far enumarated our activities by categories ; we shall now describe our general ones. They are so variegated that we record here only the main features of them.

a) Lecture Tours. Several groups of speakers, among whom Viscount Ishii and Dr. Nitobe are particularly to be noted, were sent by headquarters to many cities and districts of the country on journeys covering many thousands of miles. On nearly every occasion the lecture meeting turned out to be a roll call of peoples of those places.

b) International Exhibition. Succeeding our previous exhibition on the conditions of various nations of the world, the plan for our last exhibition was to focus upon a particular part of the world. As a result, the African Exhibition was held in November 1930 at Osaka under the joint auspices of this Association and the Commercial Museum of the Osaka Prefectural Government. This exhibition is expected to be followed by another one in 1931 with its subjects the conditions and customs of the Near East and Balkan States.

c) Summer College. At four different towns in the prefecture of Saitama, our summer colleges were opened, all of them being well attended and very successful.

d) Monthly Lecture. One of the attractions of the Association is a monthly lecture at its auditorium by famous foreign visitors, or by influential Japanese just back from abroad.

e) Public Gatherings. The Peace Memorial Celebration proved to be the most featured of all the public gatherings held by the Association this year. A great mass of people filled the Asahi Auditorium of Tokyo where the gathering was held. Besides the lectures delivered by prominent speakers, there were several performances by groups of children from progressive schools in which peace ideas were strongly advocated.

f) Radio Chairs. In the case of nearly every important lecture on international topics which was broadcast, the speaker was supplied by this Association. In addition to this, we arranged a series of lectures on 14 successive Sundays on the League of Nations. Those lectures were broadcast from six stations at the same time. On the occasion of the ten years' anniversary of I.L.O., seven successive Sundays were spared for lectures chiefly on the organ of the I.L.O.

g) Essay Contest. To stimulate students' interest in the study of international problems, the Association offered a small sum of money for an essay contest on the following topics :

(1) Ten Years of the League of Nations.

(2) How Japan can best contribute for the development of the League of Nations?

(3) The League and International Economy.

h) Film Making. To add to our stock of films which are found indispensable in the demonstration of League activities, we produced a new film "Construction" from the story written for the contest sponsored by us and to which we awarded the first prize in 1929.

LETTONIE LATVIA

Association pour la Société des Nations en Lettonie.

Presidium et Conseil administratif :

Président de l'Association : M. A. Spekke, Professeur à l'Université.

Vice-Président : M. V. Salnais, Vice-Directeur du Bureau de Statistique de l'État.

Président du Conseil d'Administration : M. le Dr Adamovics, Prorecteur et Professeur de l'Université.

Vice-Présidents du Conseil d'Administration : M. A. Kalnins et M. P. Mintz, Professeurs à l'Université.

Secrétaire : M. l'Ingénieur V. Pengerots.

Trésorier : M. le Dr P. Olins, Chef de la Section Orientale du Ministère des Affaires étrangères.

Trésorier-adjoint et Intendant : M. le Dr A. Bilmans, Chef de la Section de la Presse au Ministère des Affaires étrangères.

Membres du Conseil d'Administration : MM. D. Muske, Bachelier des Sciences commerciales, et O. Krolls, Conseiller pour les Questions de l'Art au Ministère de l'Instruction publique.

Nombre de membres : 159, dont 14 collectifs avec plus de 60,000 adhérents. La diminution du nombre des membres s'explique par le fait que les représentants des membres collectifs ne sont pas comptés comme individuels.

Budget : Recettes, Ls. 2,810.22 ; dépenses, Ls. 2,772.03.

L'Association est en collaboration régulière avec les organisations suivantes :

1. *Société des Professeurs de l'Enseignement secondaire* (membre) ;
2. *Société de la Culture* (membre) ;
3. *Bureau Central d'Instruction* (membre) ;
4. *Bureau des Villes et des Bourgs ;*
5. *Ligue Nationale des Femmes* (membre) ;
6. *Société Juive d'Instruction* (membre) ;
7. *Organisation Centrale des Guides* (membre) ;
8. *Société d'Industriels et d'Artisans ;*
9. *Croix-Rouge ;*
10. *Société Centrale d'Agriculture de Courlande ;*

11. *Association Chrétienne des Jeunes Gens (YMCA)* (membre) ;
12. *Association des Invalides de Guerre ;*
13. *Organisation Centrale des Scouts ;*
14. *Société Centrale d'Agriculture* (membre) ;
15. *Université du Peuple* (membre) ;
16. *Association des Parents allemands ;*
17. *Union des Artistes indépendants ;*
18. *Corps de Secours des Femmes* (membre) ;
19. *Association des Commerçants de Lettonie* (membre) ;
20. *Association des Individualistes ;*
21. *Société des Fonctionnaires de l'Etat ;*
22. *Société Polyglotte ;*
23. *Association Nationale de la Jeunesse ;*
24. *Association Chrétienne des Jeunes Femmes* (membre) ;
25. *Journal « Students » ;*
26. *Conseil des Etudiants ;*
27. *Lifes' Brigade of Latvia* (membre) ;
28. *Association des Organisations Nationales d'Etudiants ;*
29. *Société lettono-suédoise* (membre).

Commissions spéciales : Commission des Relations. Commission économique. Une Commission pour la collaboration avec l'Union douanière est en voie de formation.

Modes d'activité.

Le 12 janvier, M. K. Serzans, Secrétaire de l'Association, a fait à Laudona une conférence sur la Société des Nations, son activité, et sur la Paix mondiale.

Le 23 janvier, M. Ch. Duzmans, ancien délégué permanent auprès de la Société des Nations, Ministre de Lettonie à Prague, a fait une conférence à la Société Lettone sur la politique internationale de la Lettonie à la Société des Nations.

La même conférence a été donnée une seconde fois à la Société Chrétienne des Jeunes Femmes, le 26 janvier.

Le 2 février, M. K. Serzans a donné une conférence à Naudite sur la démocratie lettone et les Etats-Unis d'Europe, et sur la Paix mondiale.

Le 30 mars, conférence de M. Serzans à la « Ziemelblazma » sur la Société des Nations. Le Ministère de l'Instruction publique a mis à la disposition du conférencier des films sur la vie culturelle de Lettonie.

Le 9 avril, conférence de M. Serzans à la « Ziemelblazma » sur l'importance de la Société des Nations.

Le 25 août, M. le Dr P. Olins, Vice-Président du Conseil d'Administration, a fait une conférence par radio sur le premier Ministre des Affaires étrangères de Lettonie, Z. A. Meierovics.

Le 7 septembre, conférence de M. Serzans, à Birzi, sur la réforme agraire comme base de la Paix sociale et de la Démocratie.

Le 19 octobre, la même conférence a été faite à Laudona.

Du 12 au 14 juillet, une délégation de 19 personnes représentant l'Association pour la Société des Nations des Pays-Bas a visité l'Association lettone.

Education.

L'Association a communiqué au Ministère de l'Instruction publique le projet de convocation d'une Conférence pédagogique à Genève en 1931, ainsi que le projet d'enseignement visuel de la géographie. De même, l'Association a sollicité l'aide du Ministère de l'Instruction en ce qui concerne la participation des jeunes maîtres d'école aux cours d'été de Genève.

En ce qui concerne les questions sociales et économiques, on peut observer que le Gouvernement letton a ratifié la plupart des Conventions élaborées par le Bureau International du Travail, de sorte que l'Association n'a pas eu à intervenir en ce sens.

La Lettonie a également ratifié la Convention de Commerce signée à Genève le 24 mars 1930 et les instruments de ratification de cette Convention ont été déposés à la Société des Nations en temps voulu.

Observations générales.

Le Fonds de Culture, qui avait soutenu l'Association pendant les années précédentes, n'a pu lui assigner que Ls. 1,000, ce qui a empêché l'Association d'imprimer son Recueil annuel. Le Recueil n° IV et V sera édité au cours de l'année courante.

POLOGNE — POLAND

Fédération des Associations Polonaises pour la S.D.N.

La Fédération des Associations polonaises pour la S.D.N.,

constituée le 26 mai 1926, groupe actuellement les organisations suivantes :

1. Association polonaise pour la S.D.N. de Varsovie.

Date de fondation : 1920.
Nombre de membres : *a*) individuels, 270 ; *b*) collectifs, 2.
Budget : *a*) recettes, 17,454 zl. ; *b*) dépenses, 16,312 zl.

2. Association polonaise pour la S.D.N. de Lwow.

Date de fondation : 1924.
Nombre de membres : *a*) individuels, 74 ; *b*) collectifs, 2, qui comptent 5,600 membres.
Budget : recettes, 1,200 zl.

3. Association polonaise pour la S.D.N. de Poznan.

Date de fondation : 1923.
Nombre de membres : individuels, 82.

4. Association polonaise pour la S.D.N. de Wilno.

Date de fondation : 1926.
Nombre de membres : individuels, 60.

5. Association allemande pour la S.D.N. en Pologne.

Date de fondation : 1925.
Nombre de membres : individuels, 107.
Budget : 2,140 zl.

6. Association polonaise des Amis de la Paix.

Date de fondation : 1926.
Nombre de membres : individuels, 500.

7. Fédération Universitaire pour la S.D.N. en Pologne.

Date de fondation : 1926.
Nombre de membres : *a*) individuels, 1,400 ; *b*) collectifs, 8.
Budget : 2,400 zl.

Modes d'activité.

L'activité des Associations polonaises pour la Société des Nations, au cours de l'année dernière, s'est concentrée surtout sur la propagande pour les principes de la S.D.N. parmi la jeunesse polonaise.

Le 2 février et le 18 mai, dans toutes les écoles primaires et secondaires de la République polonaise, furent faites des conférences sur la S.D.N. et sur son rôle dans l'organisation de la Paix.

La Commission d'Éducation de la Fédération polonaise poursuit son travail de préparation de trois manuels sur la S.D.N. pour les écoles primaires et secondaires.

Plusieurs bourses sont accordées pour les étudiants qui se sont rendus à Genève pour les différents cours d'été.

La Commission des Questions juridiques et politiques a organisé quatre conférences publiques, dont deux sur le désarmement, et plusieurs soirées de discussion pour les membres des Associations à Varsovie, Lwow et Poznan.

La Commission des Minorités a organisé à Lwow plusieurs soirées de discussion et, à Varsovie, en collaboration étroite avec l'Institut d'Études des Questions minoritaires, elle a organisé plusieurs conférences publiques.

L'*Association polonaise des Amis de la Paix*, membre affilié de la Fédération, outre son activité générale de propagande, a poursuivi pendant toute l'année ses relations avec les pacifistes allemands en vue de l'entente polono-allemande.

Le 2 février 1930, date du Xe Anniversaire de la S.D.N., la Fédération organisa à Varsovie, Lwow et Poznan, de grands meetings publics.

La *Fédération universitaire pour la Société des Nations* a développé une activité énergique. Le travail de cette Fédération se fonde sur l'activité des cercles locaux. La Fédération, grâce à un accord conclu avec M. le Directeur Albert Thomas, a pu, comme les années précédentes, envoyer des stagiaires pour les stages, qui ont travaillé pendant deux mois dans diverses sections du B.I.T.

La Fédération cherche, en outre, à collaborer avec la jeunesse allemande, dont s'occupe surtout le Cercle de Cracovie. Deux grandes conférences de M. Herrman Hoffman, professeur à l'Université de Breslau, et de M. Kaspar Mayr, secrétaire de l'International Fellowship of Reconciliation sur « Praktische Wege zur polnischen Verständigung », ont constitué une importante manifestation en faveur du rapprochement polono-allemand. C'est dans le même esprit que s'est réuni le Congrès polono-allemand de Sromowce, dans les montagnes de Pienin, au mois d'août 1930. Le Congrès fut organisé par le Cercle de Cracovie et dura dix jours.

Le Cercle de Cracovie organisa aussi cette année une soirée consacrée à la question des relations polono-ruthènes.

Le Cercle de Wilno est encore en phase d'organisation. Un de ses buts les plus essentiels sera de nouer des relations avec la jeunesse lithuanienne de Kowno et de créer une atmosphère d'amitié.

Le Cercle de Varsovie organisa une série de conférences publiques inaugurée par la conférence de M. le Prof. Handelsman, Curateur du Cercle, qui parla sur l'année 1929 dans la politique internationale. D'autres conférences suivirent, savoir : M. Lad. Sokolwski, Chef de Section au Ministère des Affaires étrangères, « La dernière Assemblée de la S.D.N. » ; M. Stanislas Stronski, Député, sur « La Question des Minorités à la dernière Assemblée de la S.D.N. » ; M. Sigismond Gralinski, Député, sur « L'Article 19 du Pacte de la S.D.N. » ; M. Alexandre Lednicki, Président de l'Association polonaise pour la Paneurope, sur « Paneurope et la proposition du Ministre Briand » ; M. Hipolit Gliwic, Vice-Président du Sénat, sur « Les travaux économiques de la Société des Nations »; M. Thadée Holówko, chef de la Section Orientale du Ministère des Affaires Étrangères, sur « La question baltique »; M. Marie Jaworska, député, sur « L'éducation pacifiste »; M. Stanislas Paprocki, publiciste, sur « La question des Minorités ».

Chaque conférence fut suivie d'une discussion publique. Ces discussions ainsi que le grand nombre d'auditeurs démontrent le grand intérêt de la jeunesse universitaire en Pologne pour les problèmes internationaux.

La Section de Varsovie du B.I.T. a collaboré cette année avec le séminaire de politique sociale à l'École Supérieure de Commerce.

La Section de propagande du Cercle a organisé huit conférences dans les écoles secondaires, afin d'exposer de manière populaire les questions relatives à la S.D.N. ainsi que son importance pour la Pologne. Les sections spéciales du Cercle ont étudié cette année le pacifisme comme mouvement social et le désarmement naval.

Le 2 février 1930, le Cercle de Varsovie a pris part à l'organisation d'une séance solennelle à l'occasion du Xe anniversaire de la S.D.N.

Le Cercle de Cracovie a organisé les conférences publiques

suivantes : Konstanty Strokowski : « Le pacifisme comme vainqueur dans la politique internationale »; St. Neyman, Chef de la Section de la Société des Nations : « L'organisation de la Société des Nations »; le Prof. Emile Stanislas Rappaport : « Le problème du droit pénal international pour les Etats ».

Le Cercle organisa aussi six conférences fermées pour ses membres.

Les sections du Cercle de Cracovie fonctionnent parfaitement. La Section de la S.D.N. discute les aspects juridiques du Pacte de la S.D.N. et du Pacte Kellogg.

Les sections des Minorités Nationales et du B.I.T. ont travaillé en séminaires. La section littéraire du Cercle a organisé une conférence sur la littérature pacifiste. Enfin, au mois de mai 1930, on créa dans le Cercle une Section des Etudes Internationales. La Section de la Presse lance des articles sur les questions internationales. Le Cercle de Cracovie, qui l'année précédente avait initié une action contre le duel, organisa au mois de mars 1930 une grande assemblée pour agir contre les duels entre étudiants.

Le Cercle de Lwów a concentré son activité dans sa Section du B.I.T.

Le Cercle de Wilno se trouve encore en voie d'organisation.

Le Comité Exécutif de la Fédération Universitaire commença pendant l'été 1930 l'organisation des Comités de Patronage dans les Cercles. Au mois d'octobre 1930 a eu lieu à Varsovie la première Assemblée de tous les membres des Cercles de la Fédération, qui ont déjà fini des études universitaires. L'Assemblée fut inaugurée par la conférence de M. Alexandre Skrzynski, ancien Président du Conseil.

SUISSE — SWITZERLAND

Association suisse pour la Société des Nations.

Nombre de membres : individuels, 7,340, soit environ 500 de plus qu'en 1929; c'est la moyenne de notre augmentation annuelle. Le nombre de nos sections locales est actuellement de 34. L'augmentation est surtout le fait de la Suisse allemande.

Finances. — Les recettes ont été d'environ 30,000 francs, et les dépenses d'environ 40,000 ; le déficit est couvert par les intérêts d'un legs de 200,000 francs, dû à la générosité d'Anton Cadonau, qui a distribué sa fortune d'environ huit millions entièrement à des œuvres d'utilité publique. (Anton Cadonau, qui vécut surtout à Singapore, à Paris et en Italie, n'en demeura pas moins fidèle à son canton des Grisons et à sa patrie suisse ; preuve que l'esprit international n'est point contraire à l'amour bien compris de la patrie.)

Le *Bulletin mensuel,* en français et en allemand (125 pages in-4°) se tire à 9,000 exemplaires ; à nos membres qui veulent en faire cadeau à des amis (excellente propagande !) nous faisons le prix de faveur de 1 franc pour l'abonnement annuel.

Brochures. — De l'excellente brochure Duchosal : «*La Société des Nations ; ce qu'elle est ; ce qu'elle fait* », parue en 1929 en deuxième édition, nous avons publié une traduction allemande (par Mlle Werder) : « *Der Völkerbund, sein Wesen und seine Tätigkeit* ».

A l'occasion du dixième anniversaire de l'entrée de la Suisse dans la S.D.N., nous avons publié deux brochures destinées à renseigner le grand public sur l'œuvre accomplie par la S.D.N., par la Suisse et par notre Association ; l'une en français : « *Dix ans de Société des Nations* », par William Martin et Ernest Bovet ; l'autre en allemand : « *Zehn Jahre Völkerbund* », par Albert Oeri, Martin et Bovet. Plusieurs Départements cantonaux de l'Instruction publique ont distribué cette brochure au personnel enseignant.

Conférences. — Environ 200 ont eu lieu en 60 localités. Sujets préférés : L'École et la S.D.N.; — l'Église et la S.D.N.; — le traitement des réfractaires pour objection de conscience ; — la neutralité et l'action internationale. A côté du grand intérêt témoigné par les instituteurs primaires, signalons que des Associations universitaires pour la S.D.N. existent désormais à Zurich, à Bâle, à Berne et à Genève. Mais c'est la jeunesse chrétienne (spécialement les « camps » protestants de Vaumarcus) qui fait à l'idéal de la S.D.N. l'accueil le plus chaudement compréhensif.

Education. — La Commission d'éducation, créée en 1928 pour la Suisse entière, élargit et intensifie son activité, soutenue par quelques Commissions cantonales. En décembre elle a ouvert aux élèves des écoles moyennes (Écoles normales, gymnases, collèges industriels, écoles de commerce) un concours d'idées sur le sujet : « L'École peut-elle et doit-elle soutenir les efforts pacifistes de la Société des Nations, et comment peut-elle le faire? ».

Devant l'importance croissante et la complexité des problèmes économiques et sociaux nous avons créé aussi une Commission permanente pour les *questions économiques et le B.I.T.*

Coopération européenne. — Le Bureau de notre Comité central s'est constitué en Comité national suisse pour la *Coopération européenne,* qu'il distingue très nettement de toutes les formes ou nuances de Paneurope. Voici le texte voté à l'unanimité le 29 juin 1930 : « Le Comité central de l'Association suisse pour la S.D.N., considérant d'une part les dangers qui menacent la paix et la prospérité de l'Europe divisée, — considérant d'autre part la nécessité de ne compromettre ni directement ni indirectement le principe de l'universalité qui doit continuer à commander l'évolution de la S.D.N., — approuve les déclarations de M. le Conseiller fédéral Motta, déterminant l'attitude du Gouvernement Suisse à l'égard du memorandum Briand, — signale les dangers que présenterait pour la vitalité de la S.D.N., la création d'un *organisme* dont, malgré toutes les protestations contraires, les fonctions ne pourraient que faire double emploi avec le Conseil, l'Assemblée et le Secrétariat de la S.D.N., et espère que la Suisse, tout en faisant son devoir de membre de la collectivité européenne, contribuera à subordonner nettement toute entente continentale à la S.D.N., dont l'universalité doit rester la loi suprême. »

Désarmement. — Ce problème est particulièrement délicat dans un petit pays dont la neutralité est assurée et dont les milices ne sont organisées que pour une guerre défensive. La question n'en préoccupe pas moins très vivement notre opinion publique. Le 2 novembre, les membres du Comité central (au nombre de 32) ont échangé librement des points de vue divers, sans essayer d'aboutir à une résolution. Ils sont presque tous d'accord pour protester contre la légèreté avec laquelle sont répandus des bruits de guerre, de telle sorte que les difficultés actuelles en sont exagérées au point de devenir dangereuses. L'existence même de la S.D.N., les progrès de l'arbitrage, les accords de Locarno, le Pacte Kellogg ont diminué sensiblement la possibilité d'un conflit européen. Cette possibilité existe néanmoins. De là le devoir d'assurer à notre pays une armée prête à le défendre. Les dépenses sont certainement consenties par la majorité de notre peuple, mais à condition qu'elles se bornent au strict nécessaire, car il y a des limites qu'un petit pays ne peut pas dépasser. Si dans certains cas particuliers, par exemple le réapprovisionnement des réserves, des crédits extraordinaires sont demandés, on ne peut y consentir qu'à une condition, c'est que le système actuel, qui ne permettra guère à la Commission des économies d'aboutir à un résultat satisfaisant, fasse place bientôt à une réorganisation profonde qui permettra une diminution sensible du total des dépenses militaires.

Constatons en terminant que, en plus d'un point, c'est exactement le point de vue adopté récemment par la Commission du Désarmement instituée par l'Union des Associations et réunie à Paris les 21 et 22 mars.

TCHÉCOSLOVAQUIE — CZECHOSLOVAKIA

1. Deutsche Liga für Völkerbund und Völkerverständigung in der Tschechoslowakischen Republik.

Date de fondation : 27 mars 1922.

Sections locales : Teplitz et Brno.

Nombre de membres : *a*) individuels, 712 ; collectifs, 69, représentant 500,000 membres.

Budget 1930 : recettes, 81,089.23 Kc.; dépenses, 62,878.65 Kc.

Publications : Rauchberg : *Die Reform des Minderheitenschutzes* ; Rauchberg : *Die erste Konferenz zur Kodifikation des Völkerrechts.*

Commissions spéciales : Questions de la citoyenneté ; Éducation, Minorités nationales, questions économiques, etc., avec la participation éventuelle d'experts.

Organisations avec lesquelles l'Association est en collaboration régulière : Associations pour la S.D.N. en Tchécoslovaquie, Cartel de la Paix en Tchécoslovaquie, Ligue féminine allemande, Union des Mutilés et Pensionnés de Guerre, organisations internationales pacifistes, etc.

Modes d'activité.

L'Association a présenté à l'Union deux propositions en faveur des Apatrides, l'une relative à la délivrance de certificats d'identité sur le modèle des passeports Nansen aux apatrides qui ne sont d'origine ni russe ni arménienne, l'autre concernant le règlement des questions de citoyenneté dans les États successeurs de l'ancienne Monarchie austro-hongroise. La première de ces résolutions a été adoptée à l'unanimité par la XIVe Assemblée de l'Union à Genève ; la seconde a été transmise pour étude à un sous-Comité spécial ; celui-ci a fait rapport à la Commission des Minorités en sa session de Danzig qui a adopté la résolution qui sera soumise à l'approbation de la prochaine Assemblée de l'Union (Budapest, mai 1931).

A la demande de l'Association autrichienne pour la S.D.N., notre Association s'est déclarée disposée à étendre à la Tchécoslovaquie l'enquête ouverte par cette Association sur la situation des apatrides et de lui communiquer les informations recueillies. Cette enquête a pour but de présenter à la Société des Nations un mémoire sur la situation des apatrides et d'obtenir de celle-ci l'attribution aux Apatrides de pièces d'identité, ainsi que l'organisation d'un secours international aux cas les plus désespérés

Une troisième proposition a été présentée par notre Association au sujet de la libre circulation.

Les principes et les tendances de notre Association ont été soutenus non seulement devant l'Union des Associations pour la S.D.N., mais également devant d'autres organisations internationales telles que l'Union Interparlementaire et le Congrès des Nationalités à Genève.

Le Président de l'Association, le Sénateur Dr W. Medinger, a fait à Londres et dans d'autres villes d'Angleterre des conférences que la L.N.U. et ses sections locales ont bien voulu organiser. Le Dr Medinger a exposé les efforts accomplis jusqu'à ce jour par l'Association allemande en Tchécoslovaquie et a donné un aperçu sur la situation des Minorités nationales les plus importantes d'Europe.

Notre Association s'est employée avec succès auprès du Ministre de l'Instruction publique en faveur de l'organisation d'un concours pour l'envoi de boursiers à Genève et elle a réussi à obtenir une bourse pour un licencié de la Faculté de Droit allemande.

Le concours de l'Union pour le choix d'un emblème de la S.D.N. a suscité un très grand intérêt parmi les Allemands de

Tchécoslovaquie ; plus d'une centaine de demandes d'informations ont été adressées au Secrétariat de l'Association.

La Section de Brno de l'Association allemande a inauguré un cycle de conférences par un rapport du Sénateur Medinger sur l'importance de l'activité de l'Union en matière de Minorités nationales. Une publication du directeur de la Section de Brno, Dr Friedrich Nelböck, *Kleine Beitrage zum Kampf um Völkerbund-Paneuropa, Mitteleuropa,* témoigne de l'activité de cette section en matière de propagande.

Un grand nombre d'articles exposant les tendances de notre Association ont paru dans des revues et des journaux du pays et de l'étranger.

La bibliothèque de l'Association est en progrès régulier et comprend actuellement 4,330 volumes, ainsi que 42 périodiques en dix langues.

En 1931, à l'occasion de l'Assemblée générale de l'Association, le Président, Dr Medinger a fait un rapport détaillé sur la discussion qui a eu lieu au sein de l'Union à Bruxelles en février dernier, en vue de la préparation de la Conférence du Désarmement. Ce rapport a été diffusé par la presse. Le public sera régulièrement informé par des articles de journaux sur l'activité qui sera déployée par les autres Associations pour la S.D.N. pour le succès de la Conférence du Désarmement. L'Association allemande en Tchécoslovaquie est disposée à collaborer avec les Associations nationales de ce pays dans les démarches que celles-ci entreprendraient auprès du Gouvernement.

Le Comité de l'Association a décidé de présenter au Gouvernement des propositions en vue d'une nouvelle loi sur la citoyenneté.

Dans le domaine de l'éducation, l'Association se propose cette année, comme les précédentes, de faire une démarche auprès du Ministère de l'Instruction publique pour l'obtention d'un subside permettant la participation d'un étudiant à l'école d'été de Genève.

2. Société de la Paix « Chelcicky ».

Président : Dr Karel RUBIN, Praha II. Lützowova 6.
Secrétaire : Konstantin KOUTEK, Praha V. Bilkova 3.
Nombre de membres : *a*) individuels, 414 ; *b*) collectifs, 6.
Sections locales : 3.

L'Association est en relations régulières avec une soixantaine d'organisations.

Modes d'activité.

L'Association a fait connaître aux organisations tchèques d'instituteurs la résolution de l'Assemblée de l'Union à Genève touchant la convocation d'une Conférence mondiale des Éducateurs en demandant qu'elles expriment leur point de vue sur ce projet. Les réponses ont été nettement affirmatives.

L'Association a organisé une enquête par écrit sur la question de la prolongation de l'enseignement obligatoire jusqu'à l'âge de 15 ans. En ce qui concerne l'aspect pédagogique de cette question, elle s'est adressée aux organisations pédagogiques, et quant à l'aspect social, à l'Association syndicale des ouvriers.

Comme il n'y a pas encore en Tchécoslovaquie de Comité National pour la question de la réforme du calendrier, l'Association s'est efforcée d'organiser un Comité à cet effet et c'est grâce à son impulsion que la Chambre de Commerce de Prague a constitué ce Comité. La Société Chelcicky prend part aux travaux de ce Comité.

La direction de l'École Libre des sciences politiques à Prague a été priée d'inscrire à son programme des conférences sur la S.D.N. et le B.I.T. et d'organiser l'enseignement systématique de ce sujet. Il a été proposé en même temps d'inaugurer des leçons sur la S.D.N. et d'organiser des débats en présence des organisations spéciales. La direction de l'école a accueilli ces suggestions avec faveur et les a en partie réalisées.

Grâce à l'initiative de l'Association, la Bibliothèque publique et la Bibliothèque universitaire à Prague ont accepté d'exposer dans leur salle de lecture les publications périodiques les plus importantes de la S.D.N. et la direction de la Bibliothèque a donné des instructions pour que toutes les publications de la S.D.N. figurent dans la bibliothèque.

L'Association est intervenue auprès des clubs parlementaires socialistes pour qu'ils fassent des efforts en vue de la ratification des conventions du B.I.T., que la République tchécoslovaque n'a pas encore ratifiées.

L'Association a attiré l'attention de la Ligue des Indes pour la S.D.N. sur l'intérêt qu'il y aurait pour cette dernière à s'affilier à l'Union des Associations pour la S.D.N.

La Société Chelcicky a fait une propagande active en faveur de l'École d'Été organisée par l'Union à Genève.

L'Association a pris part à l'organisation de la Section tchécoslovaque de l'Exposition de la Paix, à La Haye, et a été représentée à l'inauguration par un délégué. Enfin elle a contribué à la diffusion du Message des Enfants du Pays de Galles, du 18 mai 1930, dans les journaux et par T.S.F.; elle a publié également les réponses faites à ce Message par des écoliers tchécoslovaques.

3. Mirova Jednota (Brno).

Rapport présenté par Mme J. WURMOVA.

J'ai traduit la *Parabole sur la S.D.N.*, écrite par Mme Jézéquel pour les enfants. Cette parabole a paru dans la presse et a été diffusée par radio atteignant ainsi des milliers d'enfants.

J'ai fait par radio à Brno une conférence concernant le jubilé de la S.D.N. et son travail pendant les dix premières années de son existence.

J'ai écrit des articles dans la presse pour les adultes et pour la jeunesse. Un de ces articles a paru à l'occasion du 11 novembre, comme numéro de la Paix, avec reproduction du Christ des Andes.

Notre Ministère de l'Enseignement et de l'Instruction publique a dès 1926, ordonné : de parler dans toutes les écoles (excepté les hautes) le 28 mars, anniversaire de la naissance du grand précurseur de la S.D.N., *Comenius*. Cet anniversaire est devenu une fête dans beaucoup d'écoles et je suis appelée chaque année par plusieurs d'elles à prononcer le discours solennel.

Cette année, j'ai fait du 25 au 28 mars neuf conférences dans les écoles et une par radio.

J'ai fait en 1930 en diverses localités 80 conférences dans des Assemblées publiques, des églises évangéliques, des écoles de diverses catégories.

J'ai parlé par Radio de l'Assemblée de notre Union à Genève et de notre visite à la colonie arménienne de Bégnins.

Je transmets chaque année les réponses de plusieurs écoles au Message des enfants du pays de Galles ; j'entretiens des relations avec des pacifistes étrangers et j'envoie des articles aux journaux étrangers.

L'Union des officiers militaires ayant fait une proposition pour introduire dans les écoles l'enseignement pour la défense nationale, nos sociétés de paix ont protesté et j'ai fait personnellement une démarche auprès du Ministère de la Défense Nationale. Enfin, j'ai répandu dans les écoles les brochures et tracts sur la S.D.N. et j'ai invité aux cours de l'École d'Été à Genève les étudiants de l'Académie de Commerce.

YOUGOSLAVIE — JUGOSLAVIA

Association pour la Société des Nations à Zagreb.

L'Association comprend plusieurs commissions : éducation, questions sociales-politiques, juridiques et économiques. De nouveaux groupes indépendants ont été fondés dernièrement à Susak et à Brod s/ Save, ce qui a permis de développer la propagande en province, où des conférences ont été organisées. L'activité de l'Association se caractérise par des conférences suivies de discussion, qui sont parfois imprimées. Le premier numéro du Bulletin de l'Association, qui paraîtra tous les deux mois, est sous presse ; ce Bulletin sera communiqué gratuitement aux membres de l'Association.

En 1928, l'Association avait pris l'initiative d'un concours international sur le thème « Quel est le moyen de former des rapports amicaux entre le royaume de la Yougoslavie et le royaume d'Italie dans l'intérêt de la paix universelle? », le meilleur travail devant recevoir un prix de 5,000 dinars. Nous avons annoncé à nouveau ce concours et les conditions en seront communiquées aux Associations pour la S.D.N. par l'organe du Bulletin de l'Union.

L'Association a été régulièrement représentée aux réunions de l'Union et a participé également aux réunions du Comité Fédéral de Coopération Européenne.

Un Comité national de coopération européenne a été constitué récemment à Zagreb. Ce Comité est pour ainsi dire une section autonome de l'Association pour la S.D.N.

Sur l'initiative de notre Association, on envisage la possibilité de convoquer une Assemblée de toutes les Associations pour la S.D.N. en Yougoslavie.

Le Xe anniversaire de la Société des Nations a été célébré par notre Association. Elle a organisé, le 13 avril 1930, une séance solennelle et publique à laquelle ont participé un grand nombre de personnes distinguées. Outre les représentants des Associations sœurs de Belgrade et de Ljubljana, le Secrétariat de la Société des Nations s'était fait représenter par un de ses membres, M. L. Th. Krabbe. Le Gouvernement royal était représenté par les ministres Bokotic et Driukovic. Cette réunion, chaleureusement signalée par toute la presse, a constitué une magnifique manifestation en faveur de l'idée de la Société des Nations dans notre pays

A peu près tous les mois, des conférences publiques sont organisées au sein de notre Association et les problèmes actuels concernant la S.D.N. sont exposés au public. La T.S.F. donne régulièrement des informations sur ces problèmes.

Récemment, notre Association a traité, en particulier, la question des Minorités. La visite du Président de la Commission des Minorités de l'Union, Lord Dickinson, a encore accru le vif intérêt que cette question soulève. Lord Dickinson a pris la parole au cours d'une séance de notre Association et a fait une conférence publique.

En outre, plusieurs questions de nature économique, sociale, politique et juridique ont été discutées. La question de Paneurope est depuis longtemps à l'ordre du jour de notre Association, ainsi que la question du désarmement, à laquelle notre Association consacrera une large part de son activité future.

www.ingramcontent.com/pod-product-compliance
Ingram Content Group UK Ltd.
Pitfield, Milton Keynes, MK11 3LW, UK
UKHW021639260726
13994UKWH00003B/1217

9 782329 042909